KB245405

프로바둑강좌 · 중급이상 7

큰곳보다 급한 곳으로

9단 石田芳夫 지음
프로바둑연구회 편

太乙出版社

머 리 말

큰 곳은 문자 그대로 큰 장소를 의미한다. 그러나 포석에 있어서의 큰 곳이란, 바둑의 작전상 큰 영향을 미칠 수 있는 곳이라는 뉘앙스를 포함하고 있다. 바둑을 두는 사람으로서 이것을 혼동하면 의외로 불리한 형세를 만나게 되는 경우가 있다.

포석에 있어서의 큰 곳은, 보통 거점(據點) 확보의 개시(開始)를 의미한다. 아울러 그 반대의 의미인 거점확보의 견제(牽制)에 필요한 수단으로서의 수지가 맞는 곳을 의미하기도 한다.

아뭏든 포석 단계에 있어서의 큰 곳은 변(邊) 으로의 전개(展開)가 주체(主体)가 된다. 다시 말하면, 포석에 있어서의 큰 곳은, 큰 곳의 본래 의미인 큰 장소와 큰 일을 만들 수 있는 곳, 그리고 급하게 대처하여 싸우지 않으면 안되는 곳(급한 곳)이라고 하는 의미와는 약간 다르다. 큰 곳이라고 하는 것에는, 바둑의 모양에 따라서는 크지 않은 곳도 많이 있게 된다.

바둑에 있어서 중요한 관건이 되고 있는 두가지의 기본은 '큰 곳'과 '급한 곳'이다.

당신이 만약 큰 곳과 급한 곳을 잘 헤아려 즉시 대처해 나갈 수 있다면, 훌륭한 바둑을 구사할 수 있게 될 것이다.

그렇다면 '큰 곳'과 '급한 곳'이 함께 발견될 때에는 어느 쪽을 먼저 두지 않으면 안되는가?

상황과 형세에 따른 변화도 있겠지만, 기본적으로는 '급한 곳'이 우선한다. 큰 곳보다 급한 곳으로 먼저 당신의 손길은 이어져야 한다. 이 점을 잘 터득한다면 당신의 실력은 껑충 뛰어오를 것이다.

저자 씀.

차 례 *

제1장

큰곳과 급한 곳

  고전의 명국과 현대의 바둑 중 2국을
엄선 하였다. 이를 토대로 큰곳과 급한
곳을 예를 들어 설명하기로 한다.

  크고 넓은곳, 작고 가치가 있는곳, 모
두다 생각해 볼 필요가 있다.

  급한 곳은 경합을 생각해볼 필요가 있
다.

  포석의 단계에서 큰 곳은 두곳이나 세
곳이다. 어디부터 두어야 하는가? 이것은
시기가 문제이며 전단을 구하는 연속적
인 한 방법이 되기도 한다.

1. 고전의 실전에서

실전보 1

본인방李和(백)대 井上因碩 의 바둑으로 4귀를 둔 견실한 수법들이다.

여기에는 포석이 귀에서 시작하여 백다음으로 전개 되는데. 소목에서 굳힌 다음에 즉, 날일자와 눈목자 의 굳힘이후의 단계에서 큰 곳은 어느 곳일까?

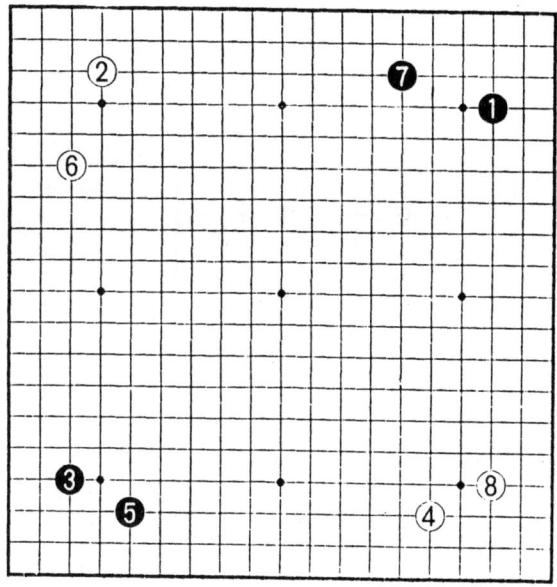

실전보 1

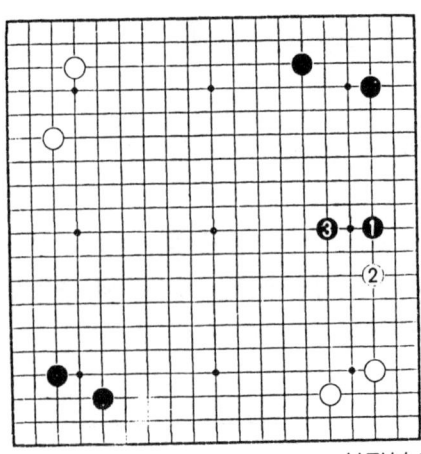

실전보 2

실전보 2 혹의 다음 수는 1의 곳을 벌림이다. 최대의 큰곳이다.

우상이나 우하의 전개는 혹이라면 급하게 두어야 할 곳이다.

백 2 의 다가섬에는 혹 3 의 한 칸이 있다.

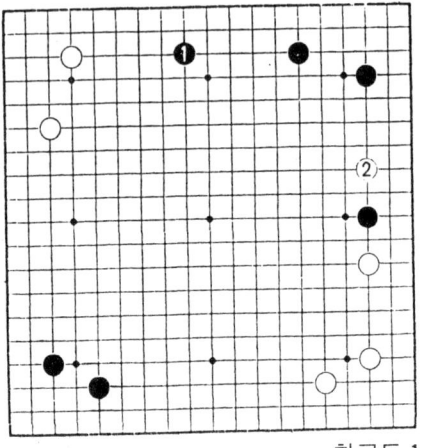

참고도 1

참고도 1 천도의 혹 3 으로 상변의 큰 곳은 1로 전개를 하는 점이다. 그러면 백 2 로 침입을 하는데 우변의 관계가 역전. 백의 전투가 좋은 모양이다.

좌변 선착의 의미가 있는 곳이다.

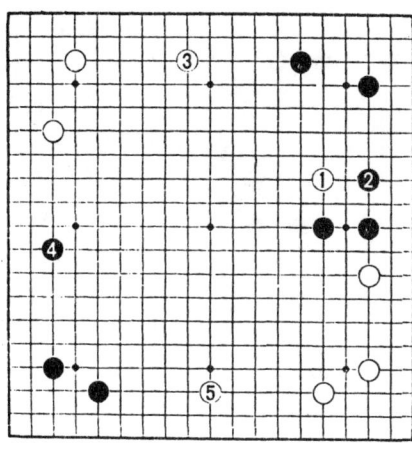

실전보 3

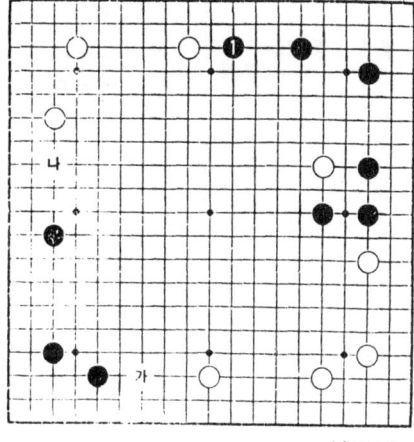

실전보 4

실전보 3 우변은 흑의 한칸 뜀이 넓은 곳이다. 세력이 갈림으로 백은 1로 침입을 하고 흑 2로 받을 때 상변을 백 3으로 전개한다.

흑 4, 백 5는 맞보기의 큰곳이다.

실전보 4 상변, 좌변, 하변의 큰곳을 두는 방법은 다음을 보자.

하변의 백 ㉮, 좌변의 흑 ㉯이다.

이것은 귀의점을 분리시킬때 2칸여지가 있는 곳이다.

상변 흑 1의 벌림에 계속하여
— .

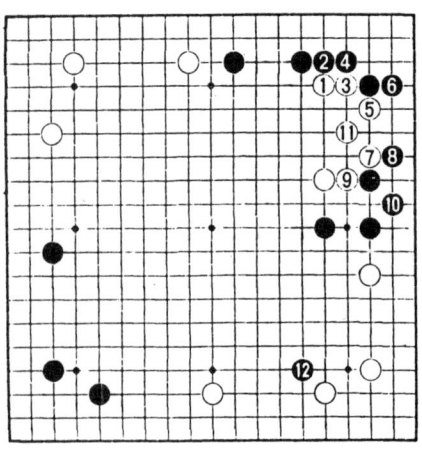

실전보 5

실전보 5 백의 다음의 수는 우상귀, 백 1, 3, 5의 삭감이다.

흑 6 까지 흑집이 오그라든다.

이하 11 까지 —.

우상에 대한 보상으로 흑은 우하를 12로 삭감한다.

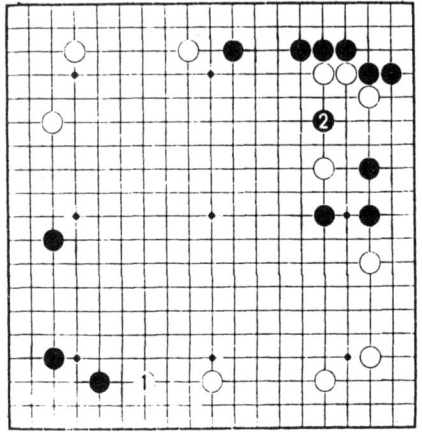

참고도 2

참고도 2 전도의 변화이다. 우상의 삭감을 멈추고 백 1로 하변의 큰 곳을 둔다.

흑 2 는 급소 전도의 백 7 이하의 수비가 정형이다.

2. 현대의 바둑이라면

실전보 1 석전방부(石田芳夫) 대 가등검정(加藤劍正)과의 대국이다.

현대의 바둑은 귀에서 변의 발전을 중시한다.

이 바둑은 흑이 화점과 소목이고, 백은 2 귀가 3. 3 이다. 백 6은 갈라침인데 ㉮의 곳을 두는 수도 있다.

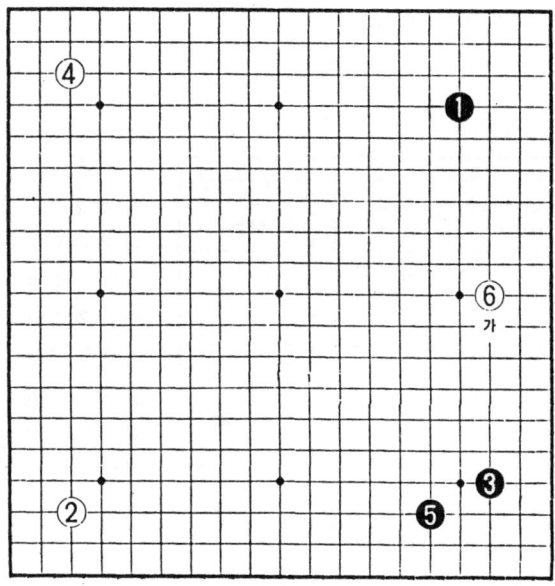

실전보 1

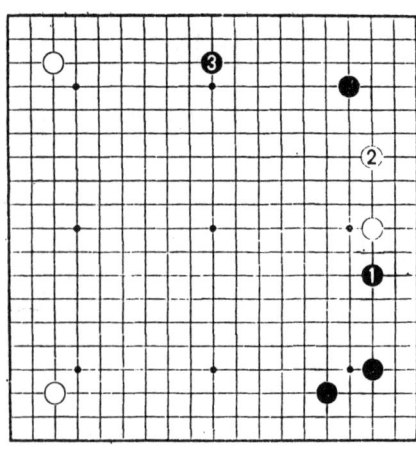

실전보 2

실전보 2 전도의 다음 우하귀는 흑1의 벌림이다. 백2는 요점이다.

흑은 상변의 큰곳으로 돌아간다. 백2는 큰곳 이상의 가치가 있는 곳이다.

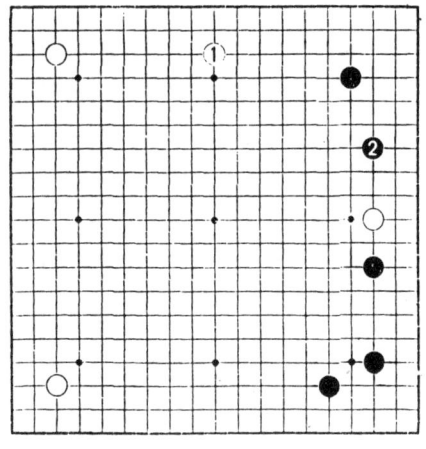

참고도 2

참고도 1 전도의 백2로 상변의 큰곳을 두면 흑은 2로 우변을 압박한다.

백이 급한 곳을 두지 않았기 때문에 국면이 급하다.

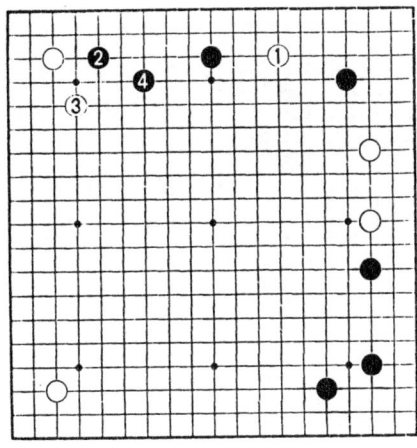

실전보 3

실전보 3 백은 상변에 1의 침입이다. 우상의 흑 1점을 염두에 둔 수이다.

이 백은 급공을 받지 않는다.

흑 2, 4가 백 1의 갈라침에 대한 유력한 수비다.

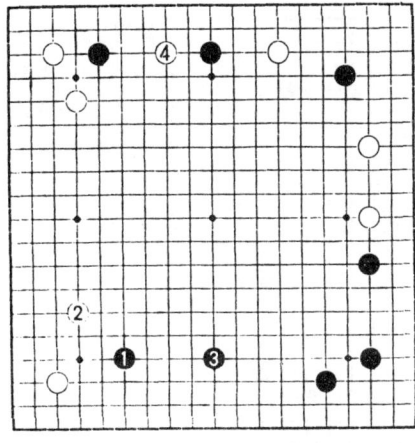

참고도 2

참고도 2 전도 흑 4의 지킴을 생략을 하면 흑 1의 씌움에서 3의 벌림이 크다.

다음 백 4의 침입에서 급한 곳이 된다.

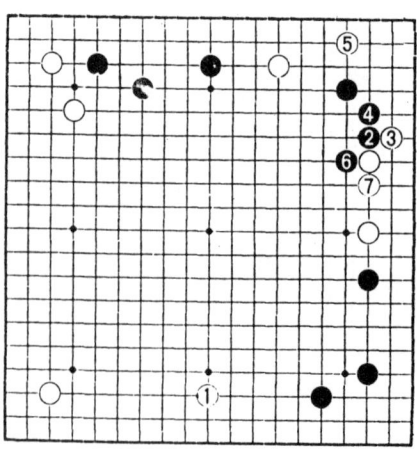

실전보 4

실전보 4 백 1
은 하변의 큰곳
이다. 흑이 상변
을 두면 백은 하
변이 순번이다.
  흑 2 의 붙임에
서 전투개시— ·
상변의 백을 공
격한다.

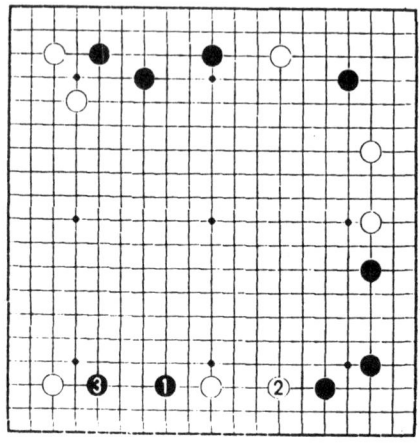

참고도 3

참고도 3 전도
는 우상의 전투
로 흑은 좌변을
둔다. 하변 흑 1
의 침입이 큰곳
으로 백 2 에는 3
의 곳 벌림이 좋
은 모양이다.

제 2 장

집과 근거의
급한 곳

변에 있어서는 집을 만들기도 중앙보다도 한결 쉽다.

모양에 따라서는 간단히 집을 만들 수가 있다.

한 눈에 보아 크고, 시기를 다투는 곳을 현실적으로 어떻게 처리하여야 하는가? 또한 그런 곳은 회사의 조직으로 말하여 금액으로 얼마만큼의 액수인가?

이 장에서는 확실하게 집을 만드는 법, 근거를 만드는 수, 급한 곳의 예를 표시하였다.

1. 큰 곳은 어디인가?

1도(다음의 수는?) 하변은 흑백 서로 돌의 경합이다. 흑1의 한칸에 백2의 한칸은 약간 협소한 느낌이다. 백2는 급한 곳인가?

하변의 백을 공격을 하기 위해서는 전진을 해야한다. 좌상귀의 씌움이거나, 상변의 벌림, 모두 다 상급품의 급한 곳이다. 흑의 다음 착점은?

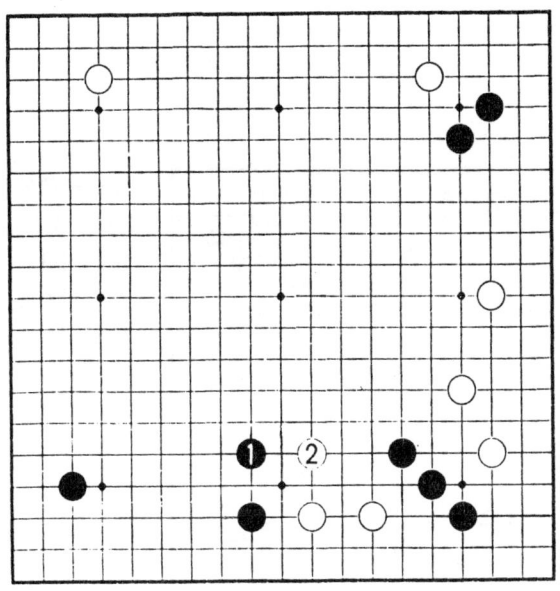

1도

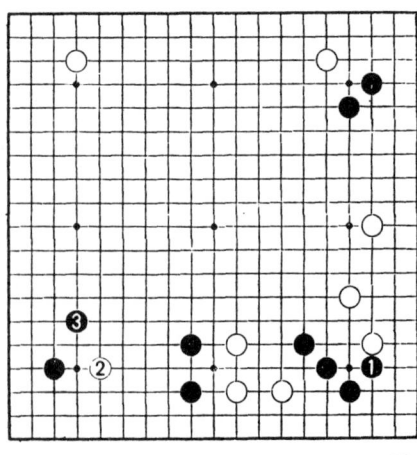

2 도

2 도(근거) 혹의 다음의 한 수는 1의 마늘모이다.

하변의 백을 공격하기 위해서는 주위를 강하게 하는 것이 좋다.

백 2 에는 혹 3 의 날일자―·

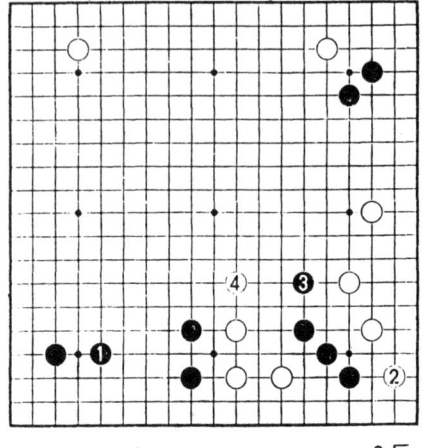

3 도

3 도(돌이 들뜨다) 혹 1로 좌하를 지키면 백 2 의 달림은 16 집의 수. 동시에 혹집을 빼앗고 들뜨게 만들었다.

혹 3 에는 백 4 로 추격을 하여 호조다.

2. 전투의 이유

1도(다음의 수는?) 좌상에서 상변의 큰 곳은 백1
의 침입이다.

백이 두지 않으면 우하의 봉쇄가 시간을 다툰다.
백1은 전후의 수이다. 전후의 이유는 좌상이 강대
해져 두터운 맛이 있기 때문이다. 흑2의 벌림으로
백1은 고립이 되어 있는 듯한 느낌이다. 다음의 한
수는?

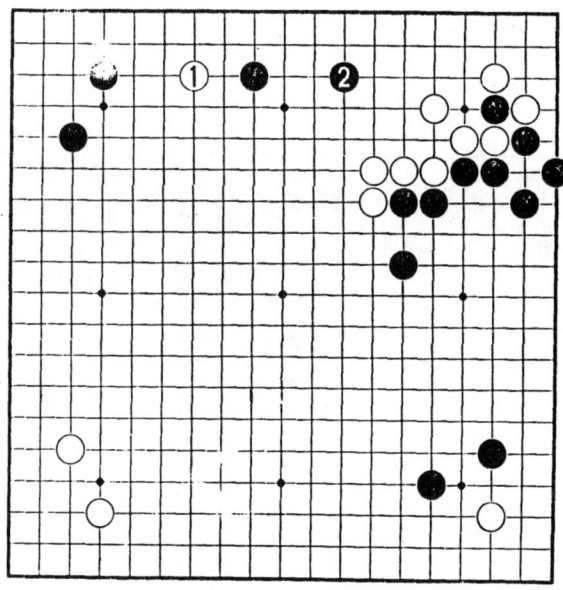

1도

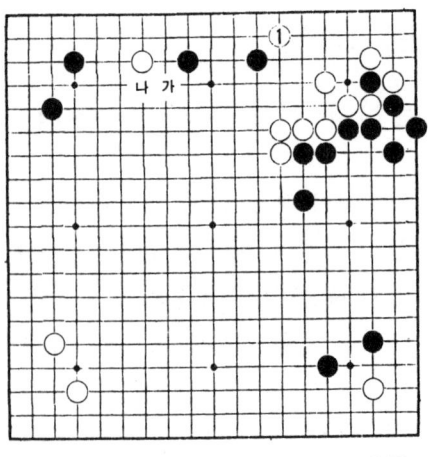

2 도(근거) 백 1로 우상의 집을 지키는 수이다. 이것은 동시에 상변의 흑의 근거를 빼앗는 수이다.

흑㉮의 공격엔 백㉯의 저항이 있다.

2 도

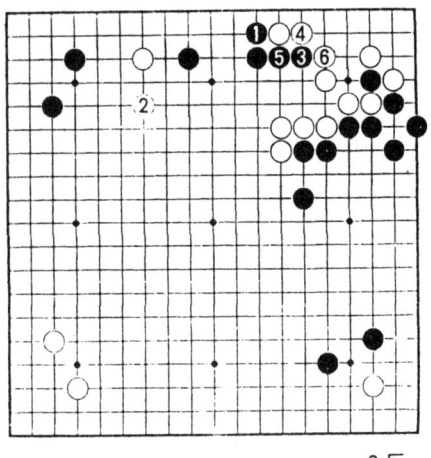

3 도(가득 움직임) 우상을 지키는 수.

흑 3 에는 백 4의 지킴이 있다.

흑 5, 백 6으로 가득하여 움직인다.

3 도

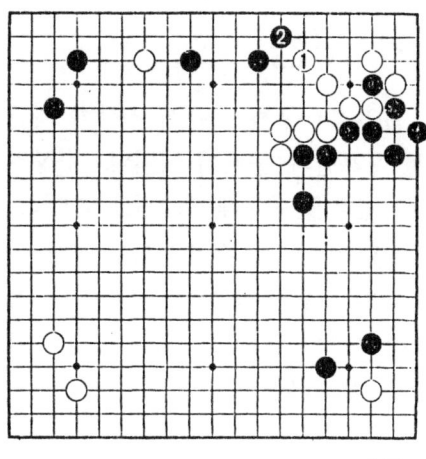

4 도(완착) 백 1의 지킴은 완착이다.

지킴에 있어서는 안전하게 지켜야 한다.

흑 2로 근거를 만들어 백이 나쁘다.

4 도

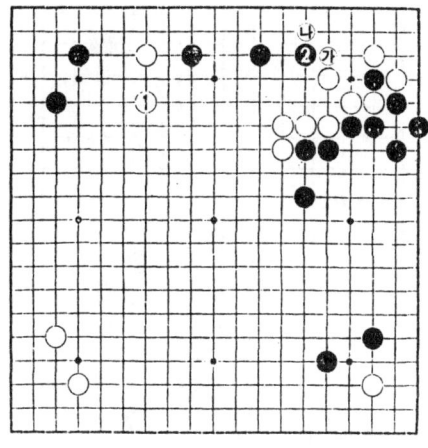

5 도(도망하는 수) 백 1의 나가는 수.

흑 2의 한칸이 견고하다.

우상의 백의 두터운 맛이 움직임을 잃는다.

백 ㉮에는 흑 ㉯로 흑이 좋다.

5 도

3. 장차의 지킴

1도(다음의 한 수는?) 우하 귀에서 전투가 개시
되었다. 이 싸움은 우하만의 문제가 아니다. 우상의
백 한점이 고립되어 있음을 염두에 둘 필요가 있다.

백 1로 밀어 중앙을 강화하는 수가 있다. 일방.
흑은 백의 작전을 뒤집어 읽어야 한다. 흑 2의 마늘
모는 다음 ㉮의 곳을 젖혀서 나가는 수를 노리고 있
다. 백 3으로 하변을 봉쇄하였다.

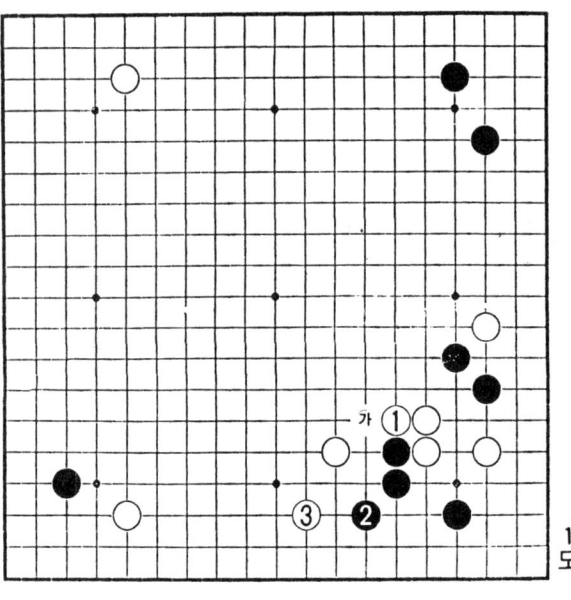

1
도

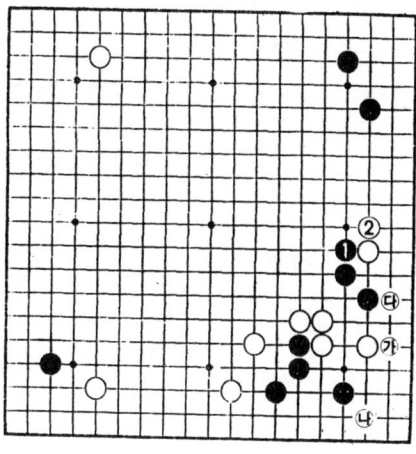

2 도

2 도(백의 활력) 우하귀의 흑은 죽지 않는다. 흑 1 로 우변을 공격하여 나간다.

백 2 의 뻗음으로 백은 활력이 있다. 백 ㉮의 내려섬, ㉯와 ㉰의 건너감을 맞보기로 한다.

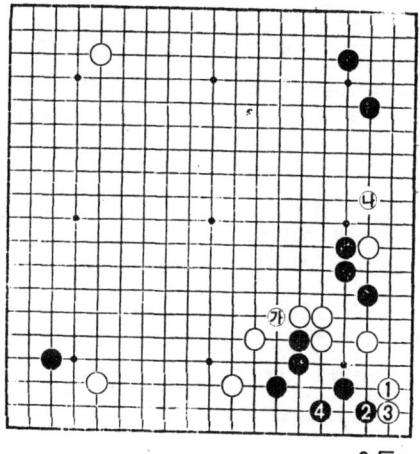

3 도

3 도(변화) 백은 또 1 의 날일자로 달리는 수가 있다.

흑이 2, 4 로 살때, 나중에 흑 ㉮는 백 ㉯로 둔다.

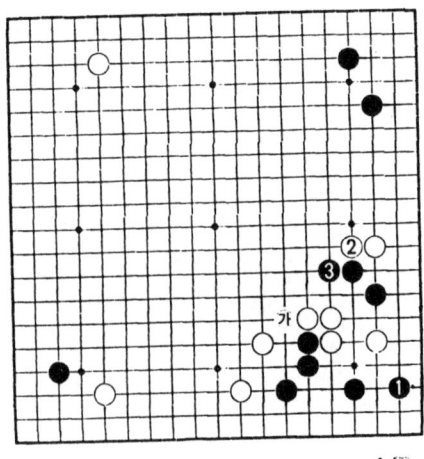

4 도

4 도 (다음의 한 수) 흑은 1로 귀쪽을 받는다. 이것이 실전에서의 다음의 한 수다.

백 2 로 우변을 공격하면 흑 3 의 뻗음으로 다음 ㉮의 젖힘을 노린다.

귀쪽의 집이 10집 이상이다.

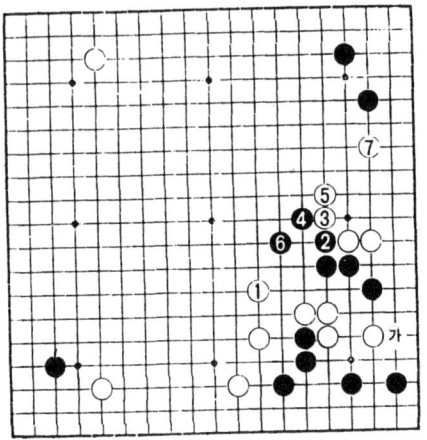

5 도

5 도 (정형) 전도의 다음 백 1 의 지킴이다.

흑 2 에서 6 까지 된 다음 백 7 까지 정형이다.

이 흑은 ㉮의 붙이는 백이 남는다.

4. 생각의 방향

1도(다음의 수는?) 우변에 전투가 일어나고 있다. 포석이 끝나가는 단계이다.

좌변은 흑⑦의 큰 곳이 남는다.

여기에서 좌변을 두거나 중앙의 모양을 결정하는 것도 하나의 방법이다. 다음의 한 수는 어디일까?

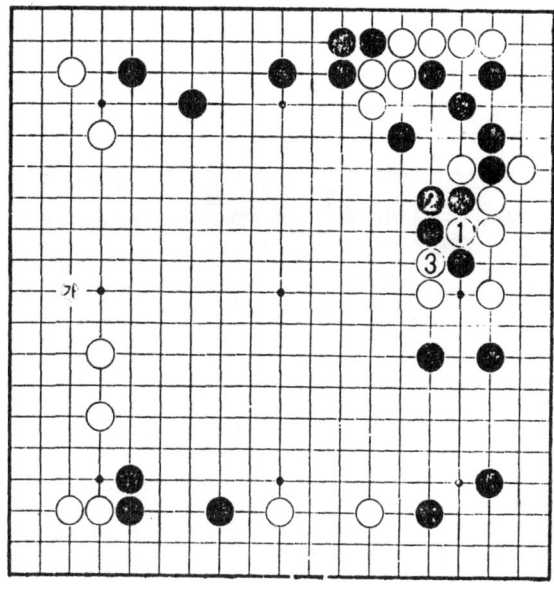

1 도

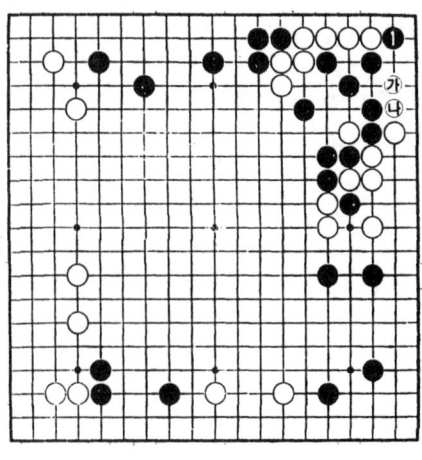

2도(추격) 흑 1의 막음이 실전의 수이다.

백의 근거를 빼앗고 우상의 흑이 완전히 사는 수이다. 백㉮는 흑㉯로 불안이 없다.

2도

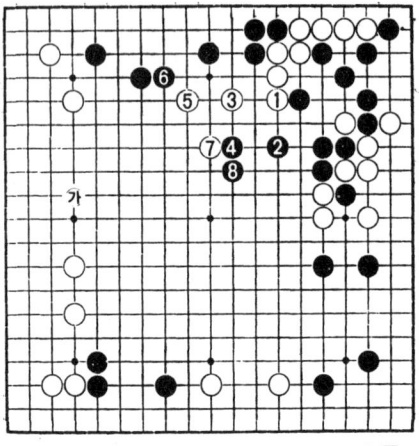

3도(들뜬 돌) 전도의 다음 백 1, 3으로 나가는 것은 흑이 2, 4로 계속 추격하여 간다.

우상의 백이 약해져 흑은 백을 공격하다가㉮의 침입을 노린다.

3도

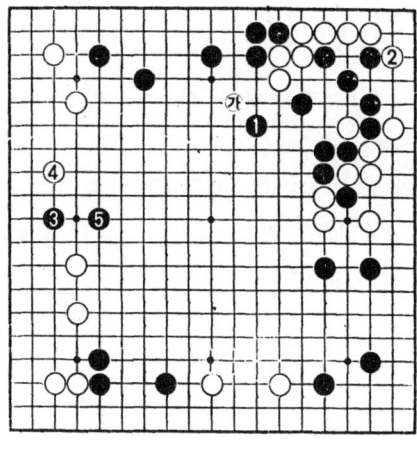

4 도

4 도 (공수의 바뀜) 흑1로 우상의 백을 봉쇄하는 것은 백2로 삶을 기하는 수가 좋다.

흑3으로 큰곳을 두어도 백4로 근거를 빼앗으면 다음 백㉮로 공수가 역전된다.

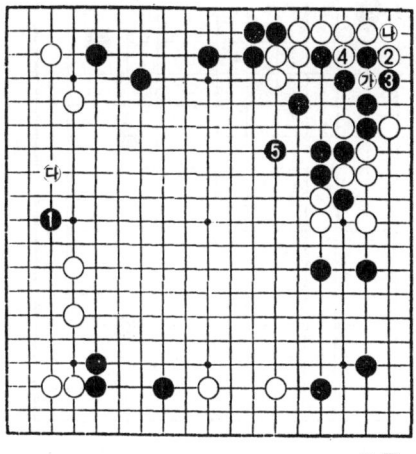

5 도

5 도 (우상이 급한 곳) 흑1의 침입은 전도와 같은 결과다.

백은 2, 4로 산다. 흑5 다음 백㉮가 큰곳이나 흑㉯로 두지 않는다.

백㉯의 공격이 있다.

5. 흐름의 변화

1도(다음의 수는?) 좌변에서 싸움이 일어나고 있다.

혹1의 붙임을 맥으로 좌변의 혹을 돕는 요점이다.

백2에 혹3은 당연하다. 백㉮의 끊음은 돌의 연락을 끊는 엄한 공격인데 다음의 한 수는?

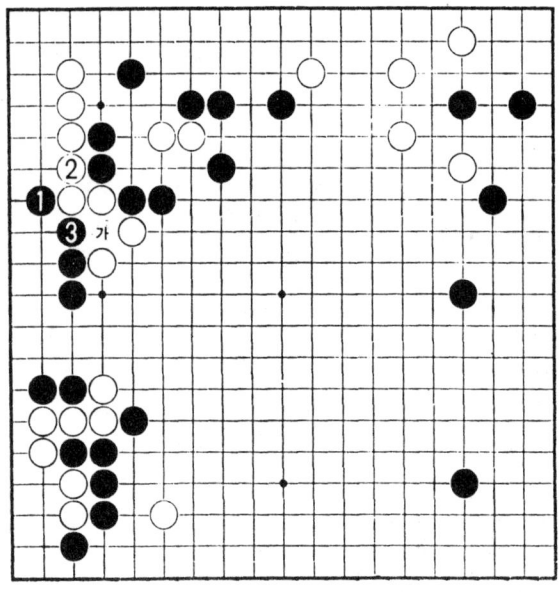

1도

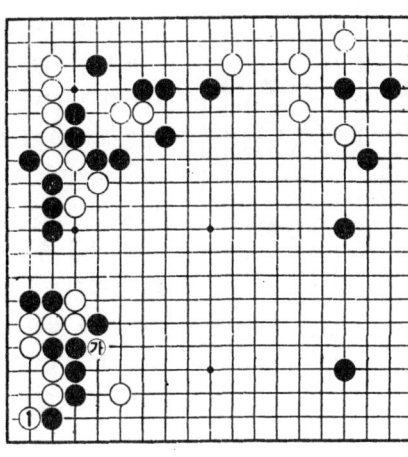

2 도 (근거의 초점) 백 1 의 막음이 다음의 한 수이다. 귀의 백이 움직여 산다.

직접 ㉮의 끊음은 우선 하변의 백이 강한 연후라야 한다.

2 도

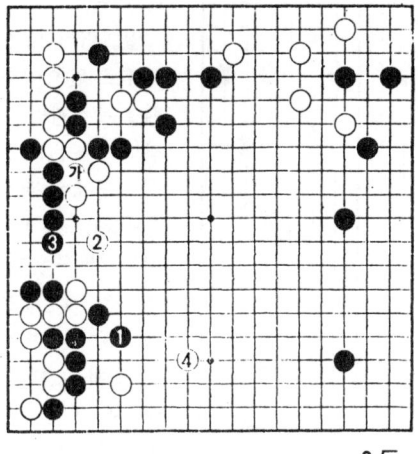

3 도(넓은 바둑) 전도의 다음 흑 1 의 지킴, 백은 2 로 좌변의 흑을 봉쇄하여 중앙을 강화한다.

3 도

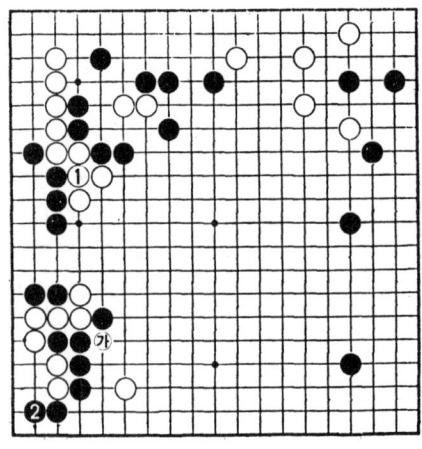

4도

4도(급박함)

백1의 이음은 당연한 수이다. 흑2로 왼쪽아래 귀를 때리면, 백은 근거를 잃는다. 왼쪽 아래 흑은, ㉮의 끊김을 두려워하지 않는다. 전선이 급박하여 백은 쉽지 않다.

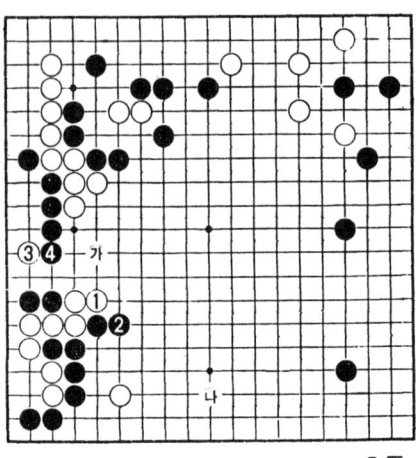

5도

5도(흑이 즐거운 바둑)

앞그림의 다음, 백1로 왼쪽 아래 백을 추격하면 ― 좌변의 흑은 백3으로 급소에 뛰어든다 해도 흑4로 받아 살 수 있다. 백㉮의 지킴에는 흑㉯로 아래변에 큰 곳에 선착하여, 흑은 즐거운 바둑이 된다.

6. 공격은?

1도(다음의 수는?) 우상, 우변의 큰 곳이 남는다. 한눈에 보아도 최대의 곳이다.

흑1의 협공에 백2의 한칸, 흑모양을 키우는 한 수다.

백2의 수비의 한칸은 정형. 흑의 공격이 여러가지의 생각을 나타내게 하는 곳이다.

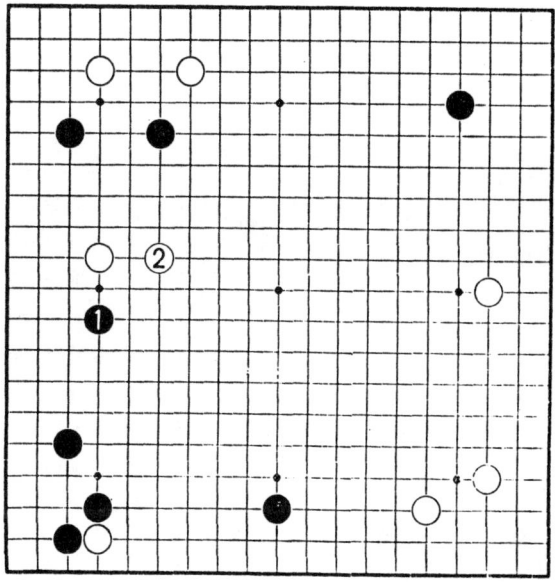

1도

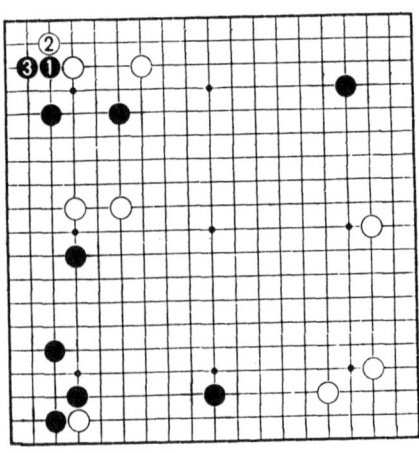

2 도

2 도 (근거를 확정) 좌변의 백이 지키지 않는 다면 좌상의 흑이 공격을 받게 된다.
검토하여 보기로 하자. 흑은 1, 3으로 두어 근거를 확정짓는다.

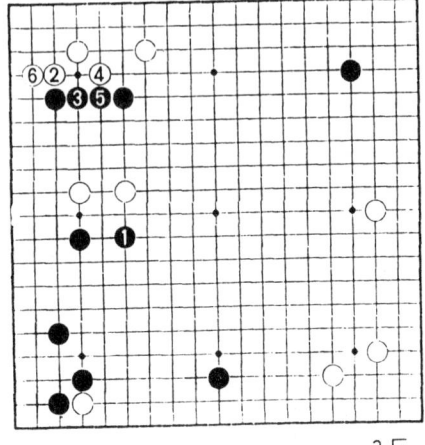

3 도

3 도 (급전) 흑 1로 한칸을 뛰면 계속하여 좌하의 백은 2의 곳으로 마늘모하여 6까지 공격을 한다.
흑 4점이 약하게 되어 급전이다.

7. 정석 수순

1도(다음의 수는?) 아마추어의 2점국이다.

우상의 흑1의 붙임은 정석이다. 백2의 끼움에서 4의 이음까지──이것은 정석의 기본형이다.

다음 수가 문제이다. 정석 수순으로 한 수 한 수가 변화의 여지가 있다. 다음에 흑이 ㉮로 받아 2, 4가 큰 수가 된다.

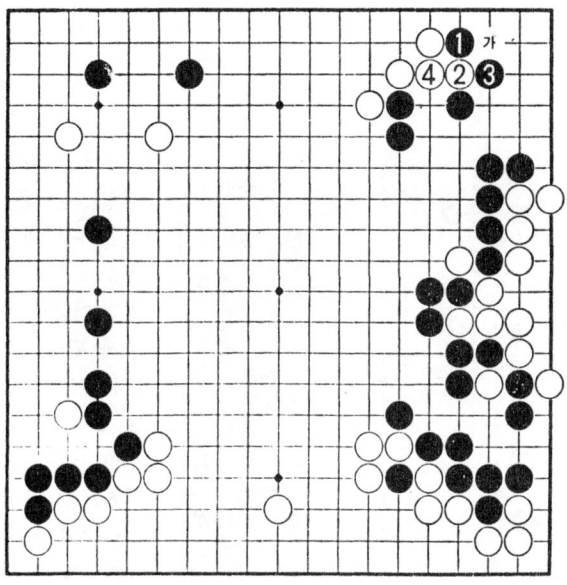

1도

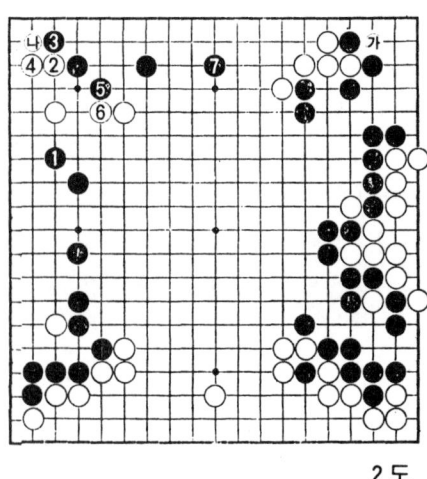

2 도

2도 (흑이 순조롭다) 좌상에 흑1로 두는 수가 크다. 백2, 4의 2칸은 엷은 맛이 있다.

흑은 5의 마늘모를 선수한 다음 7로 벌린다.

다음에 ㉮와 ㉯가 맛보기로 순조롭다.

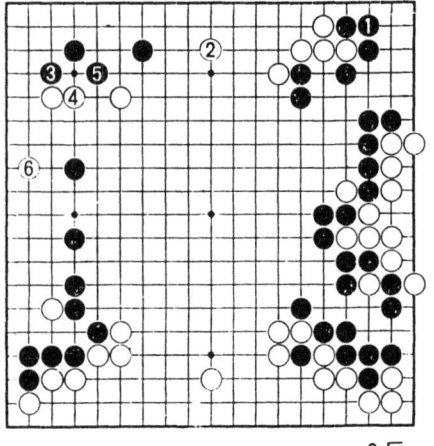

3 도

3도 (좌변에 침입) 실전은 정석을 나타냈는데 흑1로 우상을 지키면 백2를 허용하게 된다. 좌상의 흑이 약하여 3, 5의 수비가 필연이다. 그러면 백6으로 좌변을 침입하여 2점 치수의 효과가 엷어진다.

8. 수책(秀策)의 수

1도(다음의 수는?) 좌상에 두면 혹의 씌움이 크다. 하변에서 전투가 일어난다.

백 1 의 날일자는 결함이 많다. 혹 2 의 한칸을 백 3 의 한칸 수비가 좋다. 일응 백혹이 서로 완화된 모양이다. 기성 수책의 수를 생각하여 보자.

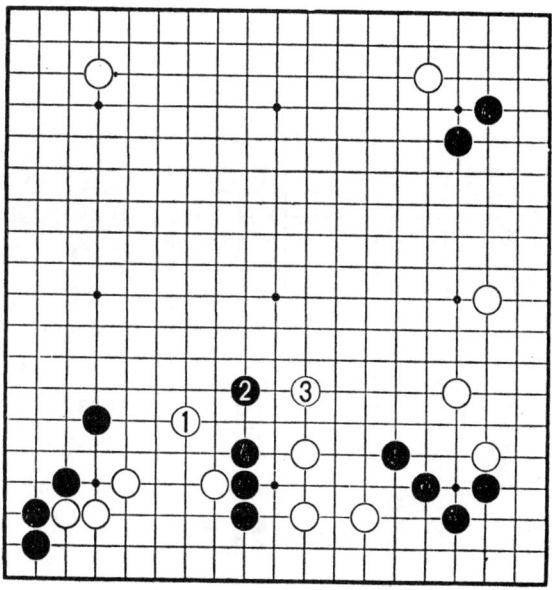

1 도

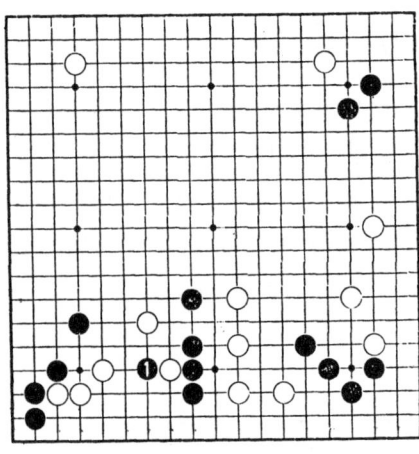

2도

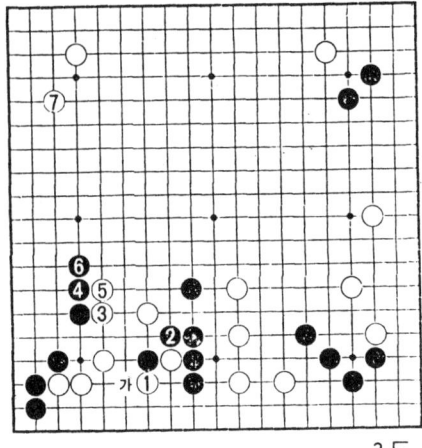

3도

2도 (근거의 쟁점) 수책이 둔 수는 흑1의 꺼붙임이다.

이 수가 백의 근거를 위협하는 수다. 흑이 사는 모양을 지으며 우측 방향의 백을 공격하는 수를 겸하고 있다. 효과적인 수이다.

3도 (지키는 모양) 전도의 다음 백1의 젖힘이 일견 좋은 수로 하변에서 사는 모양이다.

백3의 붙임에서 중앙으로 나가는 모양이 생긴다. 흑은 4, 6으로 4점의 집을 확보한다.

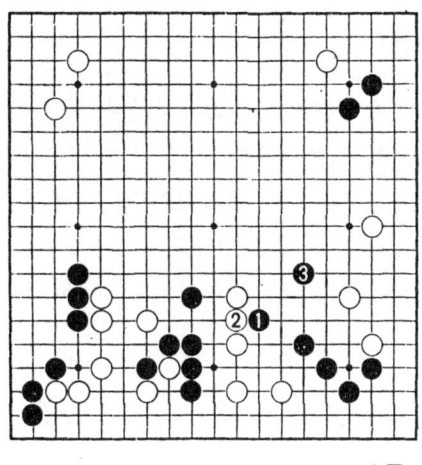

4 도

4도 (조화있는 공격) 백이 좌상을 공격하게 되면 좌하의 흑집이 커진다. 그러면 하변의 흑은 안정을 취해야 한다.

흑 1, 3으로 조화있는 공격이 필요하다.

백은 엷고 흑이 두텁다.

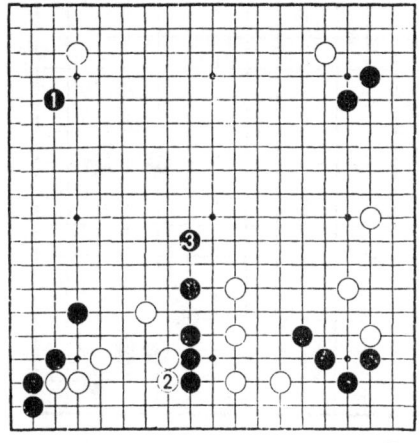

5 도

5도 (뜬 돌) 흑 1의 걸침은 큰 곳이다. 그러면 백 2로 내려서서 지킨다.

좌하의 흑 3으로 뛰어나가도 쌈지를 뜬 모양이 된다.

9. 대작전

1도(다음의 수는?) 좌하의 정석과정이다. 흑 1 의 높은 걸침에서 정석이 이루어진다.

흑이 돌을 움직이면, 흑 3 의 내려섬이다. 백 4 로 그선을 내려선다. 이것으로 일단락이다.

자, 그러면 다음의 대작전을 어디서부터 주도하여 야 될까?

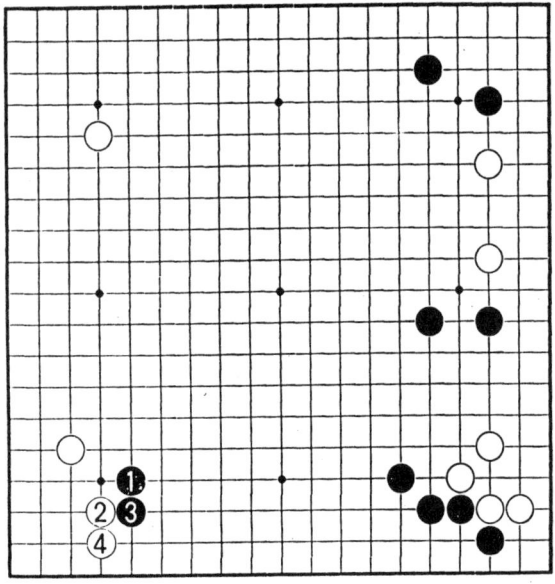

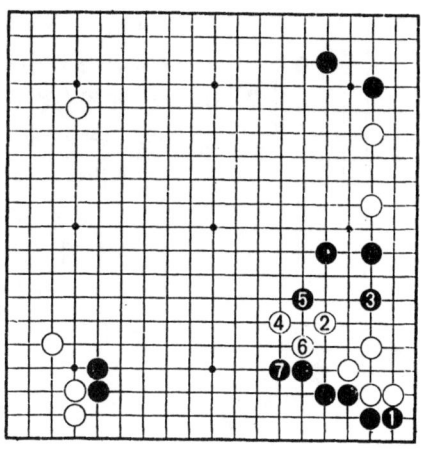

2도

2도 (경합)
흑의 다음의 수는
1의 곳 늘음이
다.
　우하의 백은 근
거를 잃는다. 백
2, 4로 중앙을
나갈 수밖에 없
다.
　흑 3, 5로 경
합하여 나간다.

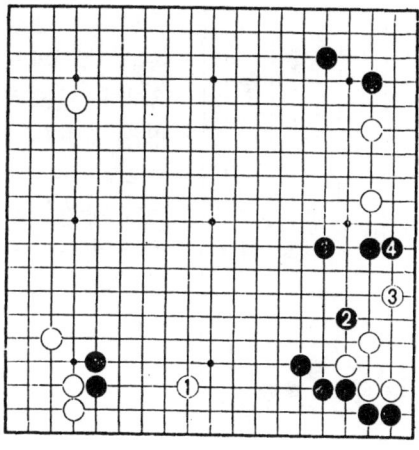

3도

3도 (공격)
전도의 백 2로 하
변의 큰 곳인 1
의 곳을 두면 흑
2의 엄한 공격
을 받는다.
　백 3의 수비에
흑 4의 철주까지
백이 용이한 모
양이 아니다.

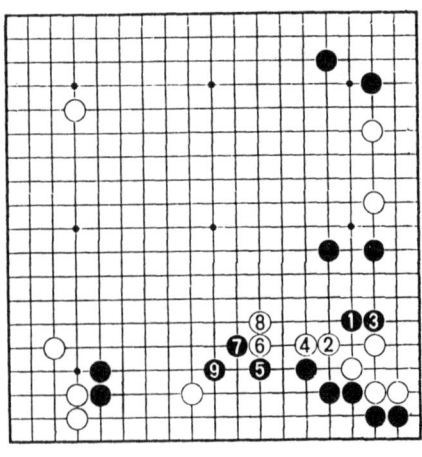

4 도 (모양)

전도의 변화이다. 백 2 로 중앙을 나 가는 수다. 흑 3 의 내림에 **4, 6** 으로 중앙을 나가 면 하변 백 한점 이 고립이 된다. 좋지가 않다.

4 도

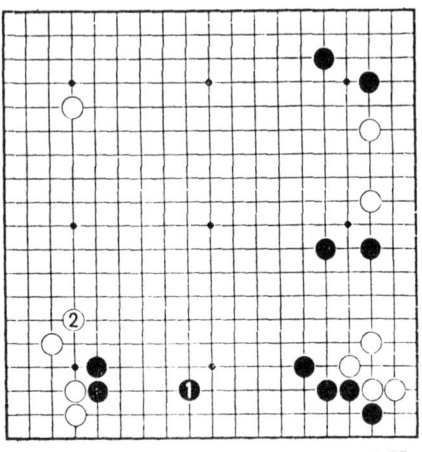

5 도 (정석)

흑 1 은 정석의 받 음이다. 일응 하 변은 흑집이다. 백 2 로 두어 좌 변의 세력이 좋 은 모양이어서이 것은 흑의 불만 이다.

5 도

10. 백의 잡는 방법

1도(다음의 수는?) 좌상에 흑이 두터운 맛이 있다. 백 1의 걸침에 흑이 3의 방향으로 받지 않으면 백 3으로 양걸침을 한다.

상황에 따라 백 1 한점은 사식으로 이용을 한다.

우하의 흑을 효과적으로 잡는 방법은——·

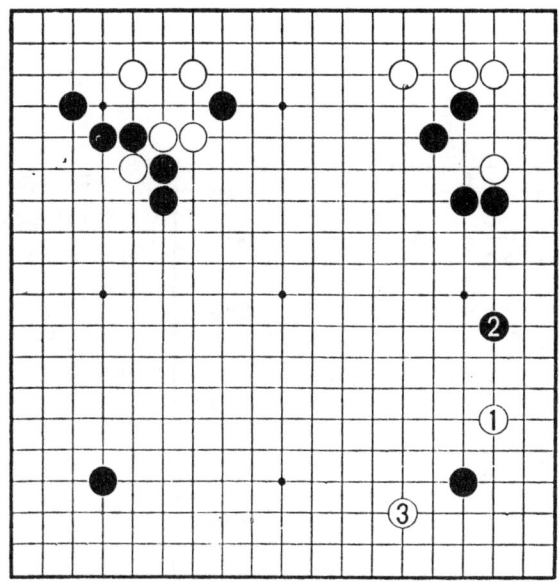

1도

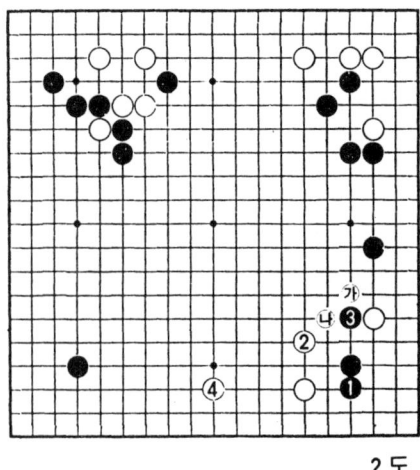

2도 (귀의 큰 곳) 흑1로 내려서 귀의 집을 크게 지키는 방법이다. 우변의 백이 나가면 3으로 붙여 움직인다.

백4의 벌림으로 모양을 갖춘다.

백⑰는 흑㉯로 백이 고전이다.

2 도

3도 (작다) 흑1은 같은 모양의 수비이지만 작은 곳이다.

백2, 4 다음에 ⑰의 달림이 있어 백이 좋다.

3 도

11. 다음의 큰 곳

1도(다음의 수는?) 2점 바둑이다.

우변의 흑 1은 백을 공격하여 모양을 키우는 수이다.

우변의 흑모양이 크고 매우 조화가 있다. 백 2의 걸침에 흑의 받는 방법은 제한이 되어 있다. 백이 6으로 움직여 나가면 다음 흑의 받는 수가 문제이다. 흑 1은 큰 곳으로 다음을 생각해 볼 필요가 있다.

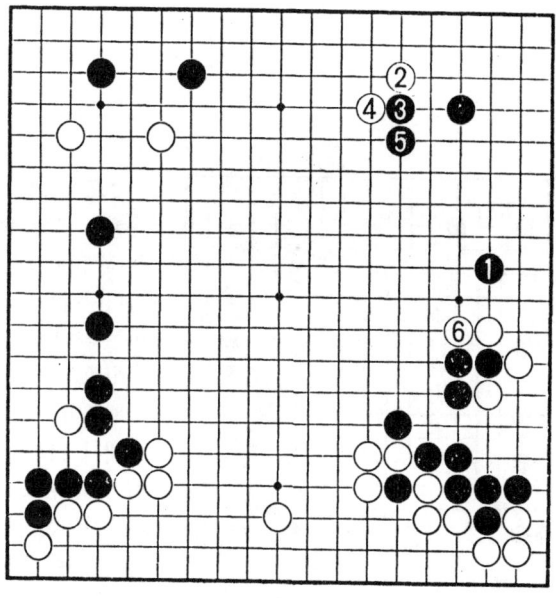

1도

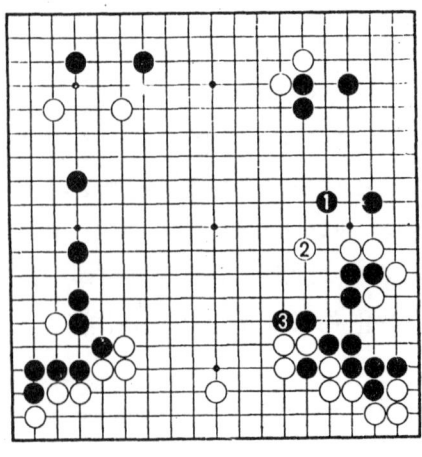

2 도

2도 (뛰는 수)
혹 1의 한칸 뜀의
수가 있다.

이것으로 우변
혹모양이 완성이
다.

백 2로 나가면
3으로 뻗어 나
간다. 하변의 백
모양이 작지 않
다.

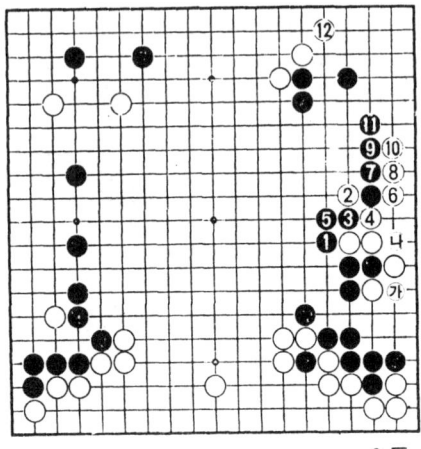

3 도

3도 (집이 큰
손해) 실전에서
는 혹 1의 젖힘이
있다. 백을 공격
하는 의미가 있는
수이다.

백 2의 건너붙
임에서 11까지—
백이 선수로 산
다. 이것은 백 12
까지 되어 혹이
큰 손해이다.

12. 프로의 타개

1도(다음의 수는?) 우하귀에서 전후가 일어나고 있다. 흑1의 벌림으로 귀의 집을 키우면 전후는 일단락이다. 다음 백은 어디에 두어야 할까?

좌변이나 상변일까? 그렇지 않으면 좌하의 곳일까? 한 수가 중요한 곳이다. 프로의 타개의 수는 어느 곳일까?

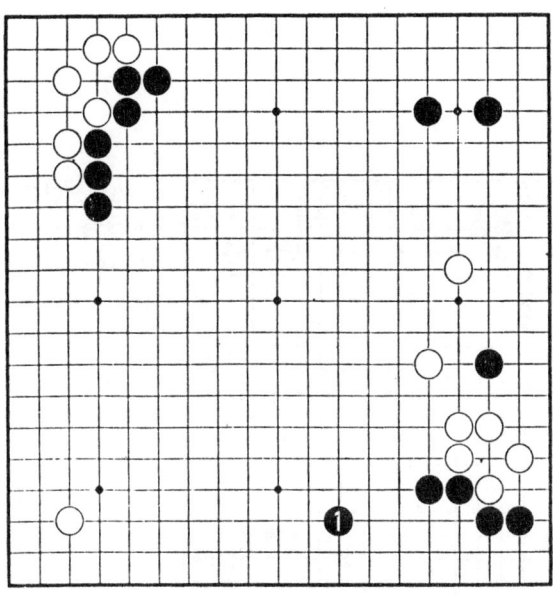

1도

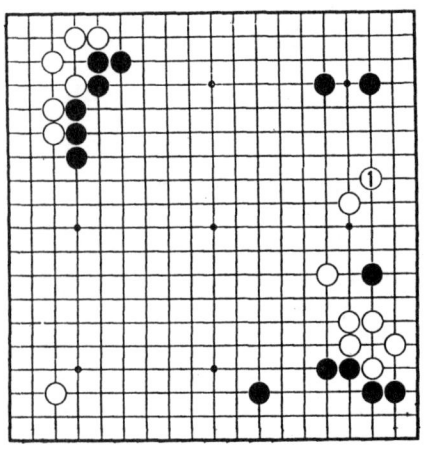

2 도

2도 (집짓는 수) 다음의 한수 는 우변 백1의 마늘모이다.

우변의 흑1점 을 취하여 집이 크다. 이것이 제 1의 이유이다.

프로는 확실한 집을 구한다.

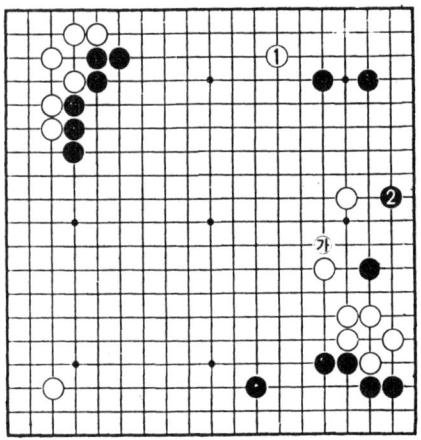

3 도

3도 (엷은 맛 으로 산다) 우상 의 백1의 걸침 에는 백2의 비 마가 있다.

흑㉮의 붙임이 있어서 백이 엷은 모양이다.

13. 노림을 본다

1도(다음의 수는?) 상변의 전투를 생각해 볼 수가 있다.

백은 좌하의 흑을 공격하여 중앙의 세력을 만든다. 흑은 1, 3으로 중앙을 중앙으로 나간다. 하변은 흑㉮의 노림이 있다. 다음의 백의 한 수는?

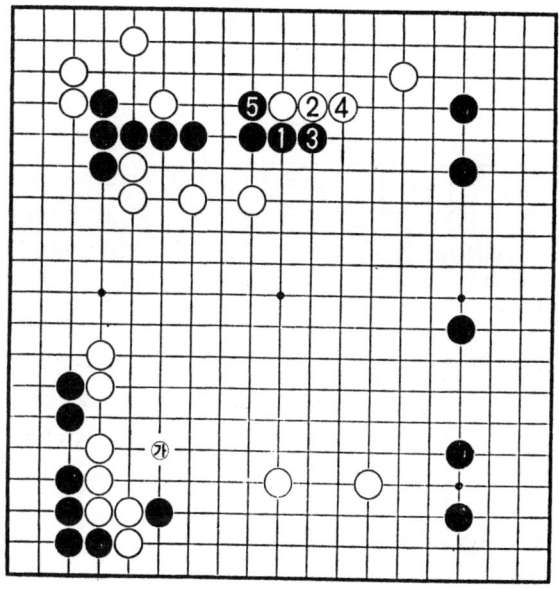

1도

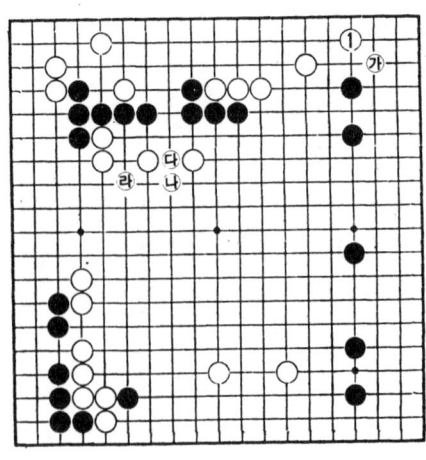

2 도

2도 (달림)
백의 다음의 한
수는 백1의 날
일자이다.

혹이 응수를 않
는다면 계속하여
㉮의 곳을 둔다.

다음에 혹㉯,
백㉰, 혹㉱로
전투개시.

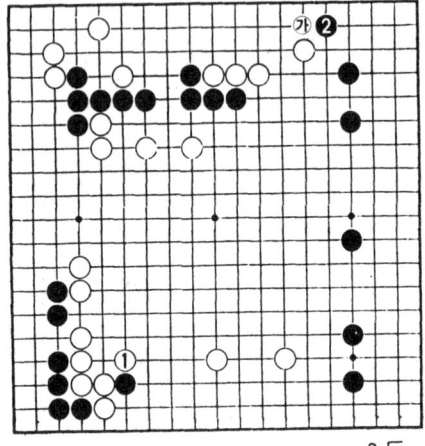

3 도

3도 (모양)
백1은 하변을 견
고하게 만드는 수
이다.

그러면 흑2의
날일자로 다음에
혹㉮의 뻗음이
좋은 수이다.

우상의 흑집이
크다.

14.큰 곳인가 급한 곳인가

1도(다음의 수는?) 우하는 백1로 두었다.

2점 바둑으로 흑이 유리한 모양이다. 백은 우하의 집이 견고하다. 백1의 지킴은 어떨까?

좌변에 백 한점이 고립이 되어 있다. 이곳이 촛점이 되는 것은 당연하다, 공격의 목적이다. 과욕은 금물——.

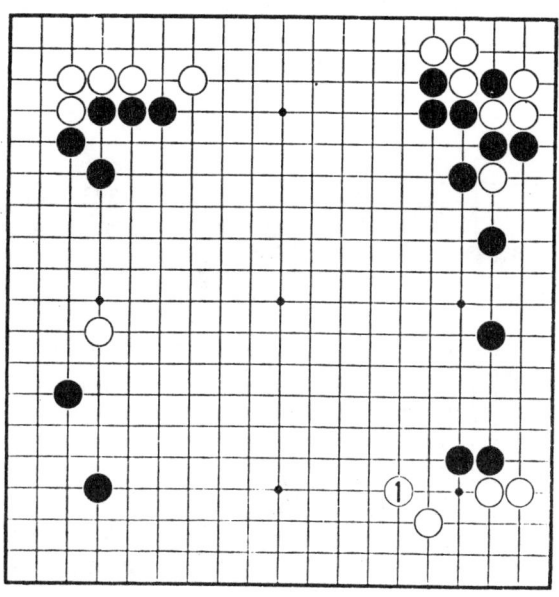

1도

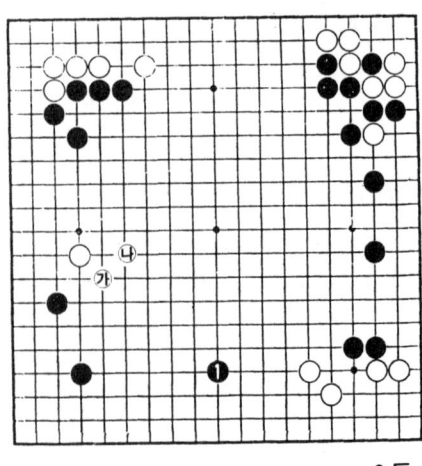

2 도

2 도 (큰곳) 흑 1 로 하변의 큰 곳을 둔다. 이것은 우하의 백의 발전을 막는 수이다.

다음에 흑㉮나 ㉯의 공격이 준엄해진다.

침착한 수이다.

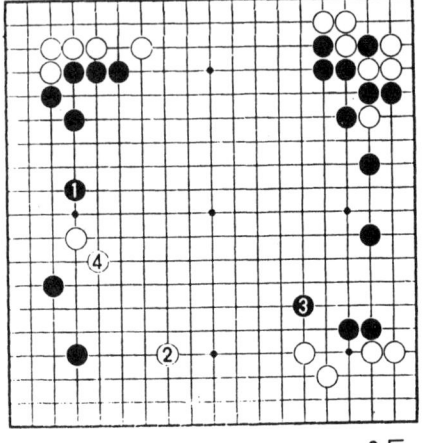

3 도

3 도 (급공) 실전에서는 흑 1 로 두었다.

두터운 맛이 있어 좁게 협공을 하였다. 이것은 기분에 치우친 수로 백 2 의 큰 곳을 둔다.

흑 3 에는 다음에 백 4 로 나간다.

15. 공방

1도(다음의 수는?) 4점 바둑이다. 우하 백 1의 3·3 침입에서 하변에 일관된 포석이다.

흑 2의 내려섬에서 11까지는 3·3 침입의 상형이다. 이 결과 주변의 백이 엷어졌다.

하변의 백 2점, 우변의 한점을 잡는 방법을 생각해 보아야 한다. 직접 공격을 하여 집을 없애느냐 우회하는 공격을 하느냐 하는 방법이다.

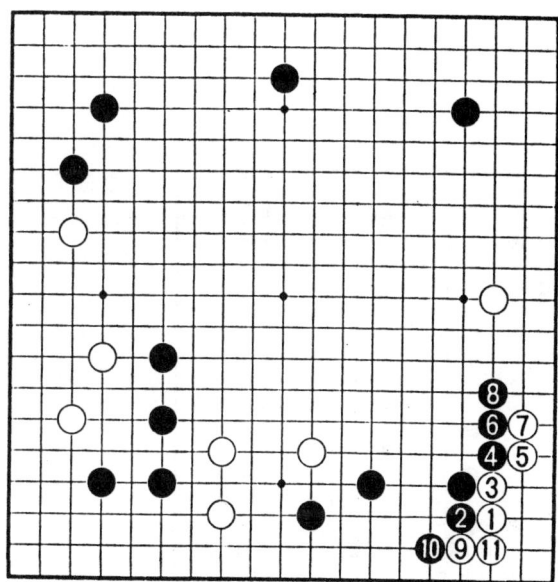

1도

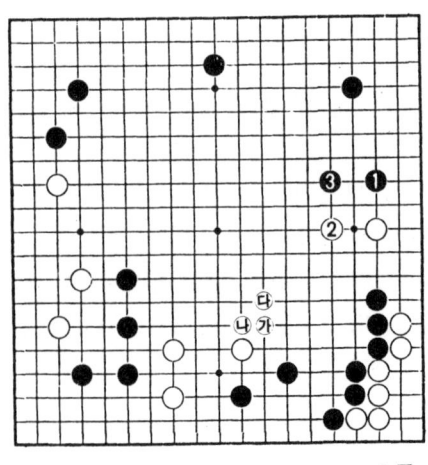

2 도 (큰곳) 흑 1로 우상의 큰 곳을 점유한다.

백 2로 나가면 흑 3의 한칸이다.

이 다음에 흑 ㉮, 백 ㉯, 흑 ㉰ 로 백을 2분 시킨다.

2 도

3 도 (직접은 실패) 실전에서는 흑 1의 2칸 이었다.

그러면 백 2로 크게 벌린다.

흑 3의 마늘모 에는 백 4로 모양을 갖추어서 실패다.

3 도

16. 뒷맛이 있는 큰 곳

1도(다음의 수는?) 3점 바둑이다. 우상에는 백의 두터운 맛이 있다. 백은 좌상귀에서 1, 3으로 붙여 뻗는다. 다음의 수가 문제이다.

좌상의 흑이 강하여 생각해 볼 필요가 있는 곳이다 포석의 큰곳으로 최대의, 생각의 분기점이다. 동시에 근거를 빼앗는 수가 필요하다.

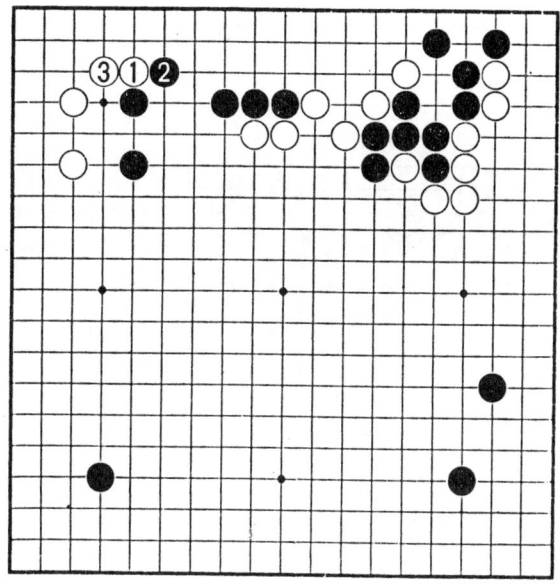

1도

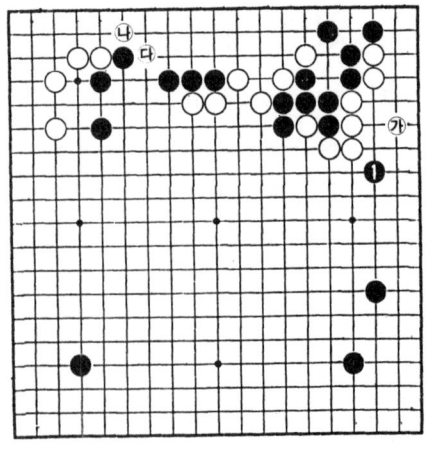

2 도 (큰곳) 혹
1이 큰곳으로 중
앙에서 최대의 곳
이다.

하변과 좌변도
주시할 필요가 있
다.

다음에 ㉮로 두
는 것은 백의 두
터움이 엷어 뜬돌
이 된다.

좌상은 백㉯의
젖힘에 혹㉰로
받는다.

2 도

3 도

3 도 (끝내기)
실전에서는 혹 1
의 내려섬이었다.
상변에 근거를 확
실하게 한 수이지
만 2에서 8까
지 되어 혹 1의
끝내기는 지나친
감이 있다.

17. 2곳의 큰 곳

1도(다음의 수는?) 좌변과 상변에 큰것이 있다. 흑은 좌변을 선택하였다. 흑1의 걸침에 백2, 다음 3으로 근거를 확실하게 한 다음에 5로 모양을 갖추었다.

2곳의 큰 곳으로 흑백 다같이 어느 한 곳을 선택한다. 백의 다음의 한수는?

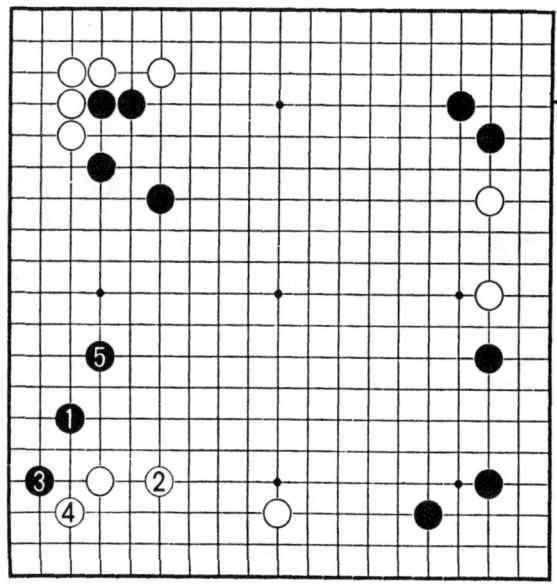

1 도

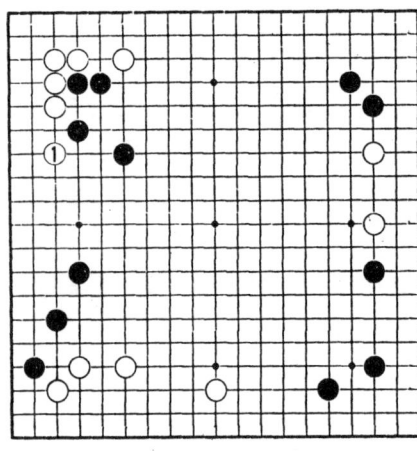

2 도

2 도 (좌변이 급한 곳) 백 1의 건너뜀이 다음의 한 수이다.

이 국면에서는 상변보다는 좌변 이 크다.

다음 도와 비 교하여 보자.

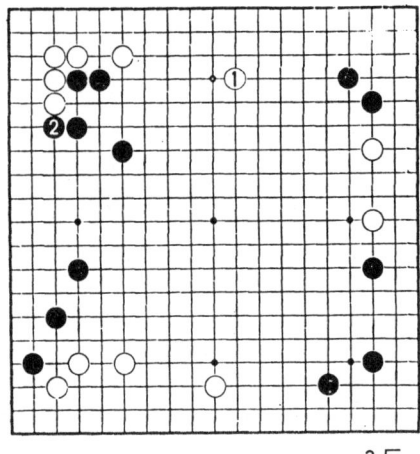

3 도

3 도 (좌변이 흑 모양) 백이 상 변의 큰곳을 두면 흑 2로 좌변을 둔 다. 좌변의 흑모 양이 매우 좋다.

좌하의 모양을 구축하여 12분 좋 은 모양이다.

18. 의외의 수

1도(다음의 수는?) 좌하의 백 2 점이 약하다.
백 1 의 눈목자. 흑의 공격을 피하여 가볍게 중앙으
로 나간다.

흑 2 는 선수이익 백의 근거를 빼앗는다. 다음 백
은 3 의 마름모——흑의 좌변, 좌하에 손이 갈 필
요가 있다. 다음 흑의 수가 의외이다.

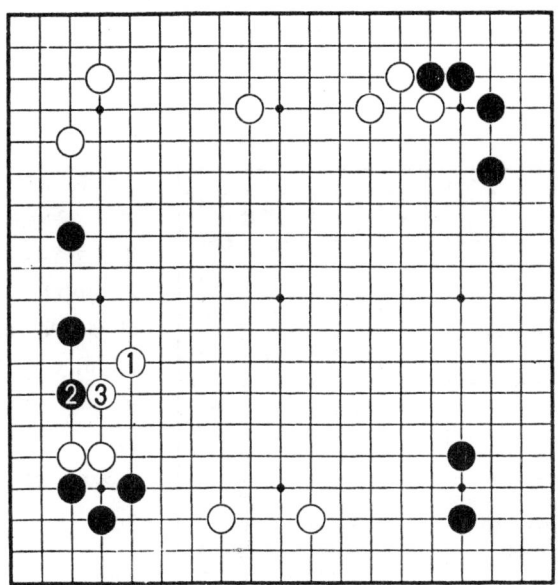

1 도

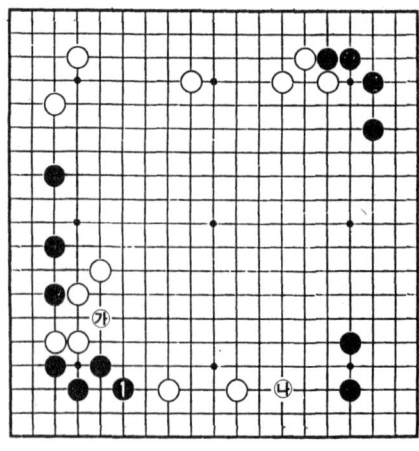

2 도 (수비가 급하다) 흑의 다음의 한 수는 1의 마늘모이다. 이 수는 귀를 강화하는 수로 나중에 ㉮의 곳을 노린다.

하변은 흑㉯의 다가섬이 있어 급한 곳이다.

2 도

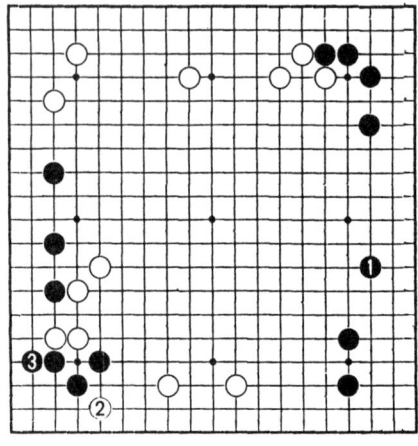

3 도 (크지만 엷다) 우변을 흑 1로 키우는 것은 큰 곳이다. 그러나 백 2의 미끄러짐이 오면 좌하의 흑이 축소된다.

흑 1은 엷은 수이다.

3 도

19.큰 곳의 다가섬

1도(다음의 수는?) 좌변에 흑1로 다가섰다. 좌
상의 백의 근거를 빼앗는 수로 큰곳이다.

백은 2의 곳을 올라선다. 나중에 흑㉮의 치중으
로 곤란해 진다. 다음의 흑의 수를 생각해 보자.
전국적인 넓은 시야를 갖는 수가 필요하다.

다음의 한수는?

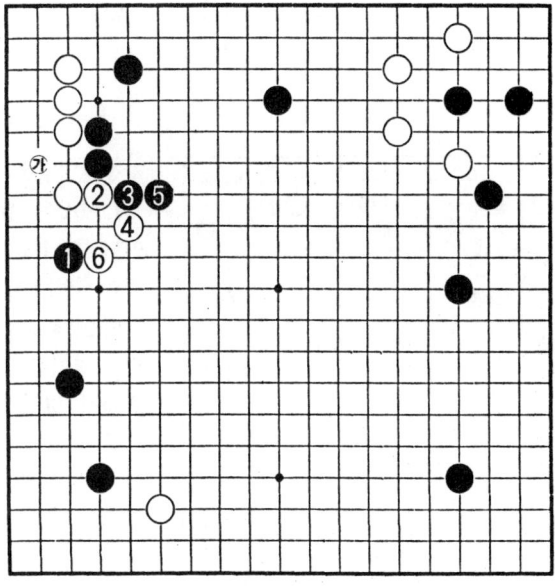

1도

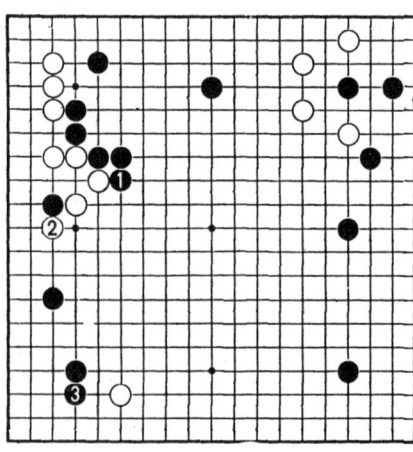

2 도 (사석) 좌상의 백이 중앙으로 나가게 되면 상변의 흑 모양이 크지 않다.

흑은 좌변에서 흑1로 세력을 키운다.

좌변을 사석으로 하여 흑3의 지킴이 절대의 호패이다.

2 도

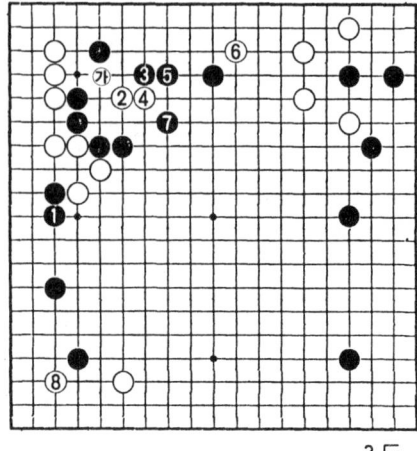

3 도 (넓은 바둑) 이것은 실전이다. 흑1로 상변을 수비하였다.

백2, 4로 상변에 침입한 다음 6까지 벌린다.

7다음에 백⑦의 수가 남는다. 이것이 넓은 바둑이다.

3 도

20. 급한 수비

1도(다음의 수는?) 3점 바둑이다.

백은 1, 3으로 좌변의 집모양을 키워 나갔다.

이 다음을 생각하여 보자.

이 국변에서는 어디에 두어야 하는가. 급히 지켜야 할 곳은 어느 곳일까? 우선 모험은 피해야 한다.

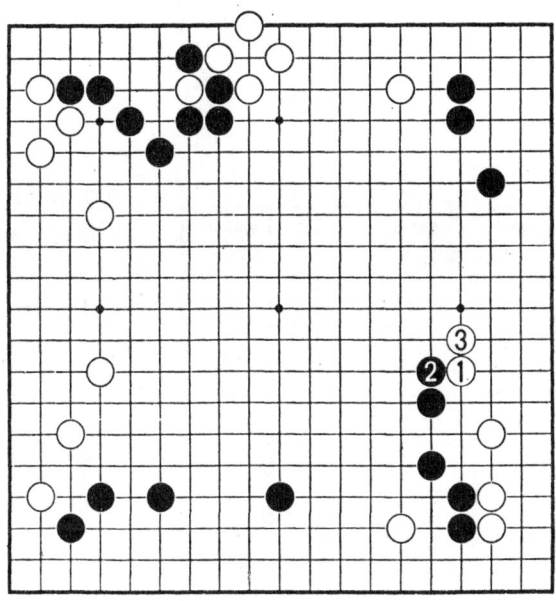

1도

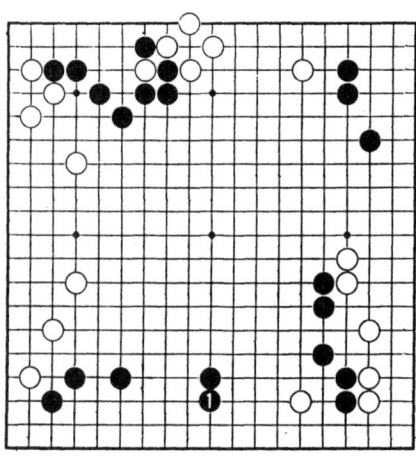

2 도 (철주)
혹 1의 내려서는 수이다. 한 수로 양쪽을 지키는수 이다.

하변의 백 1 점 은 혹의 세력권 에서 고립이 되어 있다.

2 도

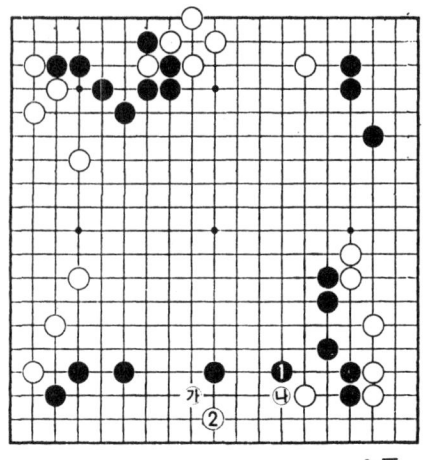

3 도 (집이 작 다) 혹1로 씌우 는 것은 1점을 봉쇄하는 수이나 백 2 의 비마로 달 려서 사는 모양 이다.

혹㉮는 백㉯ 로 간단히 산다.

3 도

21. 고급 작전

1도(다음의 한 수는?) 우하에 백1의 걸침을 좌하의 한칸과 관련이 있는 수이다.

하변에 백모양을 만들려는 것인데 흑2의 씌움으로 백모양을 미연에 견제하였다. 이것은 흑의 두터운 맛을 이용한 것으로 중앙에 흑의 모양을 만들려는 의도이다. 백의 다음 한 수는 어디일까?

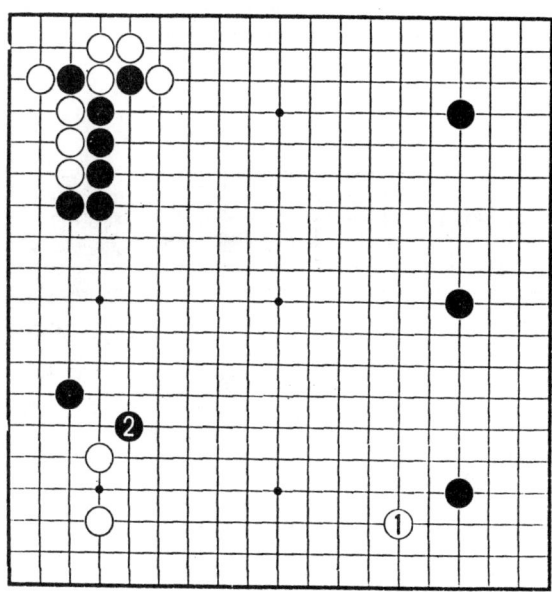

1도

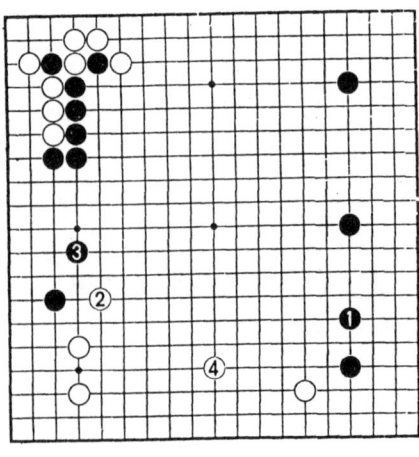

2 도 (하변의 모양) 전도의 흑 2로 우하를 흑 1 로 받는 것은 생 각의 여지가 있다.

백 2의 날일자 를 선수하고 흑 3을 기다려 4 의 큰 곳을 두는 것이 백의 이상 적인 구도이다.

2 도

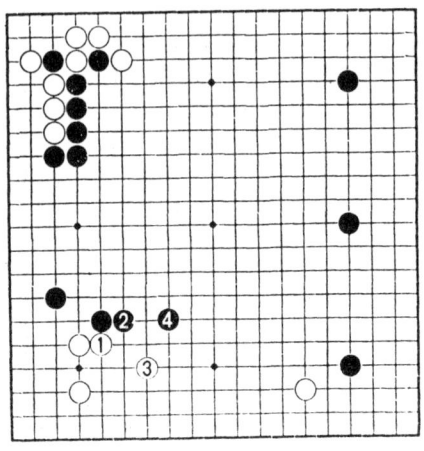

3 도 (중앙이 대모양) 백 1로 받는 것은 흑 2 로 뻗어서 백 3 다음 4로 한 칸 을 뛴다.

하변 백모양이 작은 반면에 중 앙의 흑 모양이 크다.

3 도

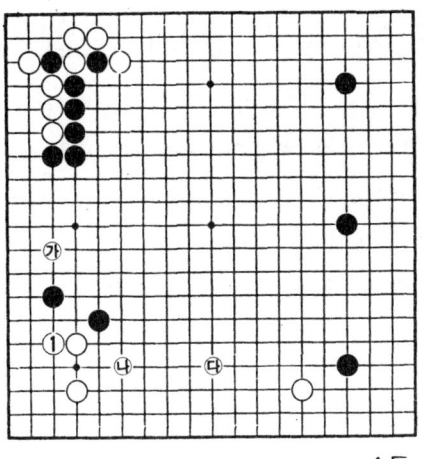

4 도

4 도 (일석이조) 백의 다음 수는 백1의 내려섬이다. 이것은 지키는 모양이다.

나중에 백㉮의 반격을 노리는 일석이조의 수이다. 또, 흑㉯의 봉쇄에서 백㉰의 곳에 두어 흑의 엷은 맛을 이용한다.

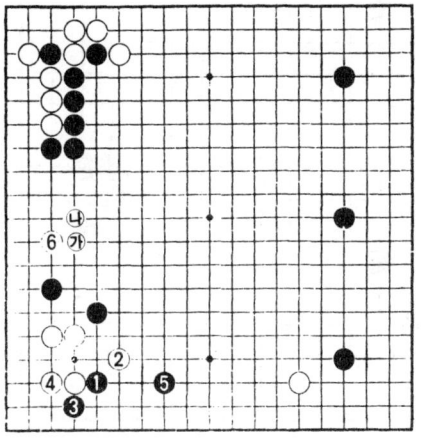

5 도

5 도 (전투) 전도의 다음 흑1의 붙임은 맥이다.

백2에는 흑3으로 4를 응수시키고 5의 곳을 둔다. 이 다음에 흑㉮, 백㉯로 씌워 백이 유망한 국면이다.

22. 큰곳에 두기 전에 큰일을

1도(다음의 한 수는?) 좌변이 상하 동형이다. 백1의 한칸 뜀에서 좌상 혹2의 내려섬은 맛보기의 곳이다. 백이 이곳부터 두면 혹은 반대쪽에 내려선다.

자, 다음 수가 문제이다. 상변, 하변, 우변에 수가 남는다. 이전에 큰 일을 해야 하는데 어디일까?

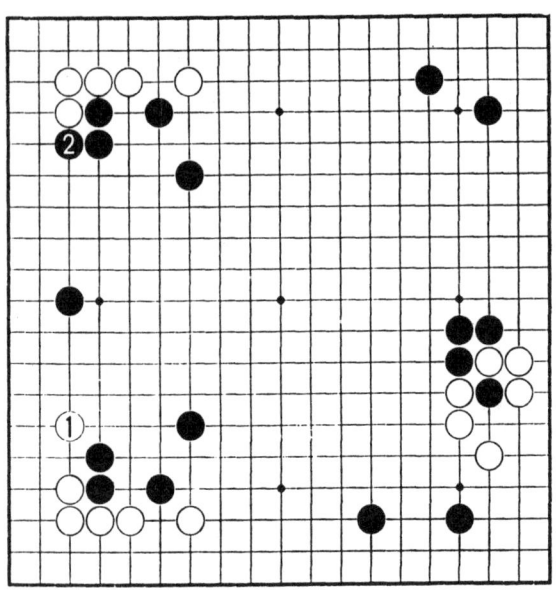

1도

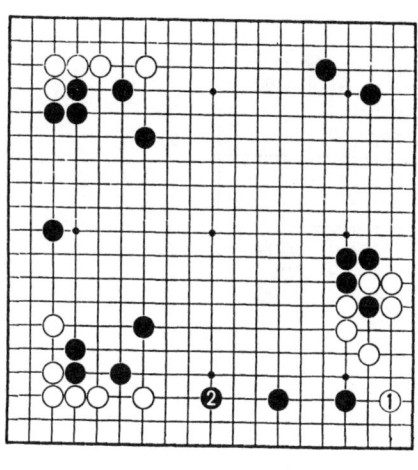

2 도

2 도 (한 수)
백의 다음의 한 수는 우하의 백 1의 미끄러짐이다.

우변의 백은 손을 빼도 산다.

흑은 하변 2의 받음이 필요하다.

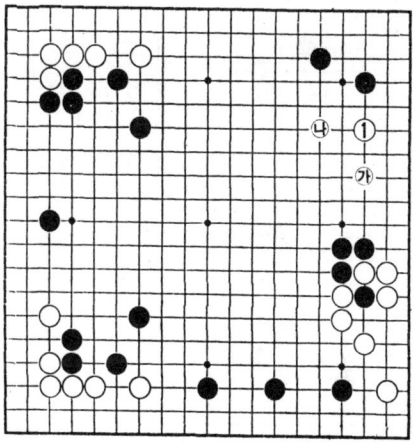

3 도

3 도 (바싹 다가섬) 전도의 다음 백은 우하가 강하지 않아 백 1로 바싹 다가선다. 이 수가 효과적이다.

흑㉮에는 백㉯로 뛰어 나간다.

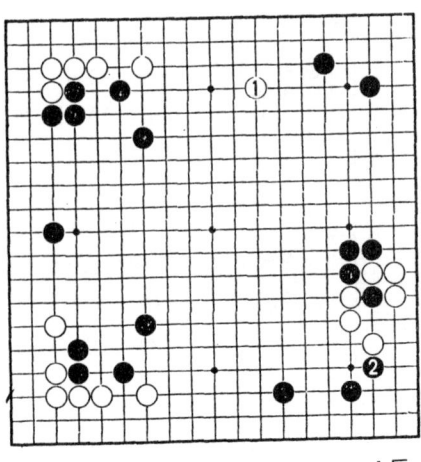

4 도

4 도 (귀의 실질) 백 1 로 상변에 두는 수가 있다.

흑 2 의 마늘모 붙임이 실질적인 수이다.

흑집이 크다.

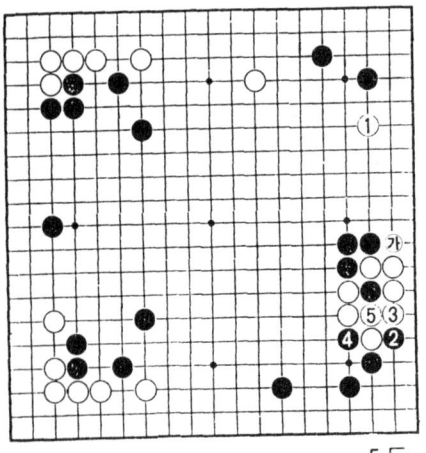

5 도

5 도 (다가섬) 전도의 다음 우상에 백 1 로 두는 것은 우선 흑은 2, 4 로 결정을 한다.

나중 흑㉮의 내려섬은 선수이다.

23. 발 빠르게 대항한다

1도(다음의 한 수는?) 우하에 대사백변의 정석이 완결된 모양이다. 다음의 수가 문제이다.

백의 기본적인 작전을 좌변의 2연성을 움직여 발 빠르게 두는 것이다. 우하의 흑의 심리에 대한 대상 (댓가)을 구하여야 한다. 어떤 수가 있을까?

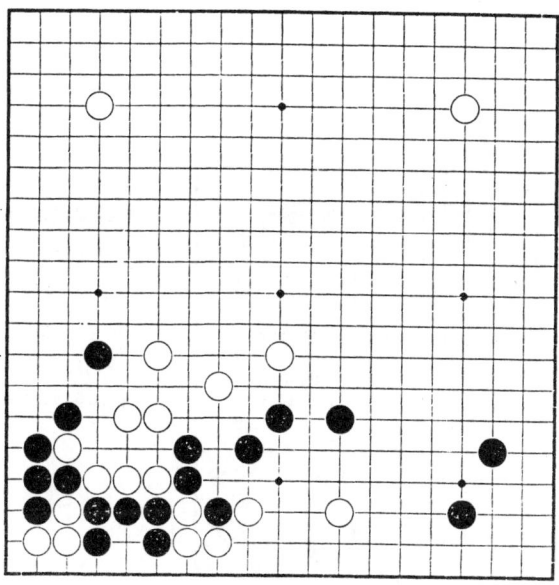

1도

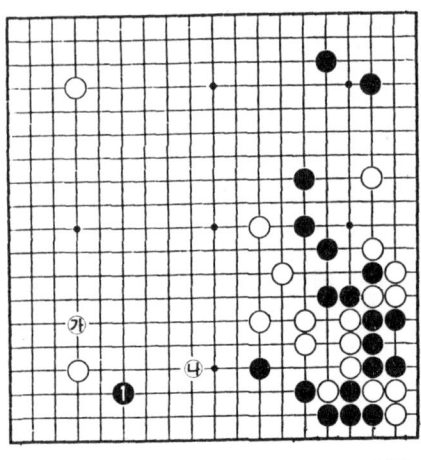

2 도

2 도 (걸침이 큰 곳) 흑 1 이 다음의 한 수이다.

이 곳이 큰 수이다. 백㉮로 받으면 흑㉯로 하변을 키운다.

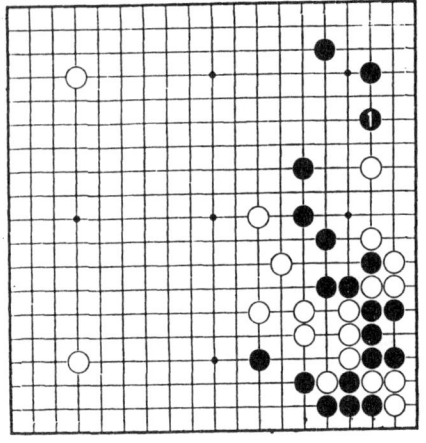

3 도

3 도 (공격) 실전은 흑 1 의 다가섬이다.

우변의 백을 염두에 둔 공격적인 수이다.

매우 좋은 수이다.

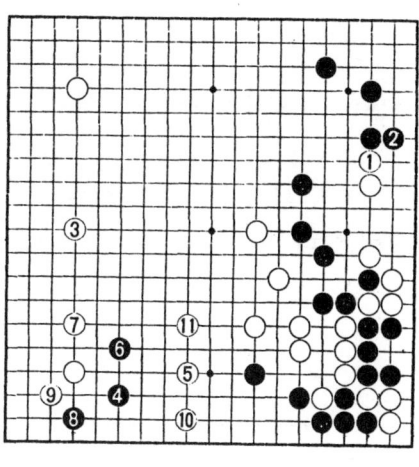

4 도

4 도 (선수가 큰 곳) 전도의 다음 백 1의 부딪히는 수에는 혹 2로 받는다.

백 3으로 큰 곳으로 돌아간다.

백 5의 반격으로 바둑은 어려워 진다.

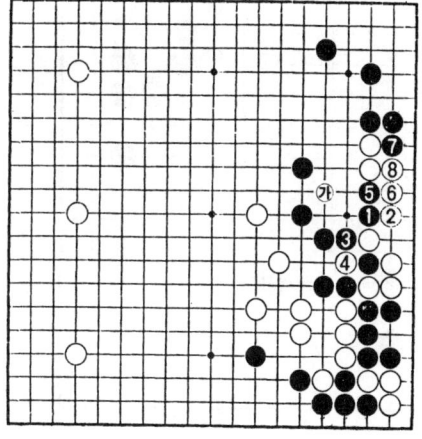

5 도

5 도 (삶) 혹 1, 3으로 공격을 하는 것은 백 2에서 8까지 사는 모양이다.

이 다음에 백 ㉮의 치중이 남는다.

24. 어려운 곳

1도(다음의 한 수는?) 좌하에서 전투가 일어나고 있다. 백1에는 흑2 ——

좌변의 백을 백㉮와 좌하의 이익이 남는 곳이다.

상변과 우변의 큰곳이 있다.

다음의 한 수는 어디일까?

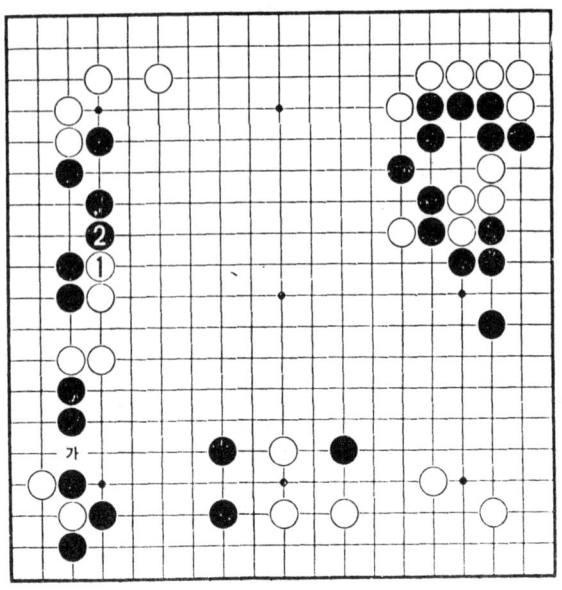

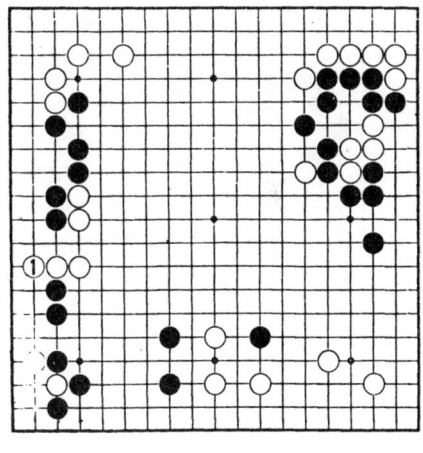

2 도

2 도 (3곳의 의미) 백 1의 내려섬이 다음의 한 수이다.

이 수에는 좌변의 안전을 도모하는 수이다.

좌하의 백 2 점을 움직인다.

3 곳의 의미가 있다.

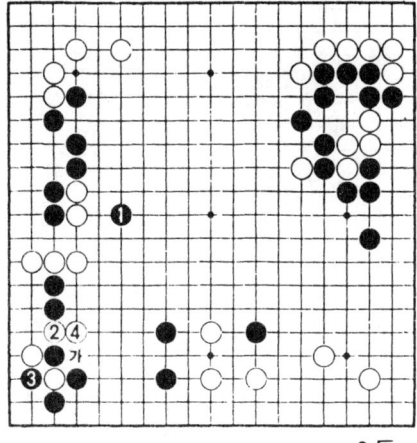

3 도

3 도 (흑의 공격) 전도의 다음에 흑 1은 모양의 급소이다.

백을 크게 공격하는 수이다.

좌변의 흑 2 점이 잡혀서는 흑의 공격은 실패이다.

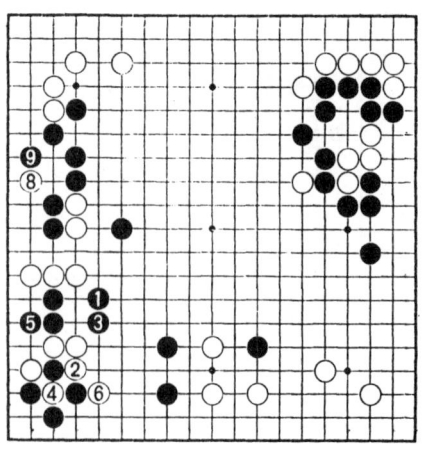

4 도 (패를 다 룸) 혹1에 백2, 백2로 5의 곳에 두어 건너가는 것은 전단을 구하는 수.

이하 백10까지 된다.

백의 싸움 바둑 양상이다.

❼ 패따냄 **⑩** 〃　　　　　　**4 도**

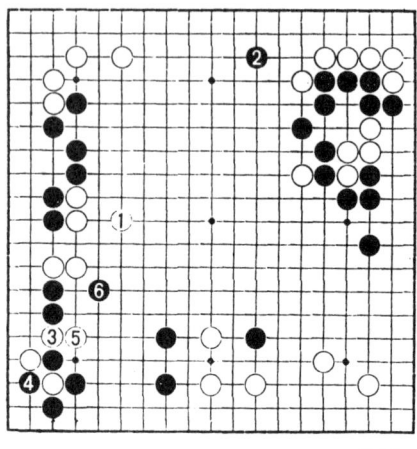

5 도　　(수비) 백 1로 좌변을 지키는 것이 상식적인 수이다.

이것은 주위의 혹에 대하여 영향력이 작다.

혹 2로 우상의 큰 곳에 돌아간다.

백이 고전의 양상이다.

5 도

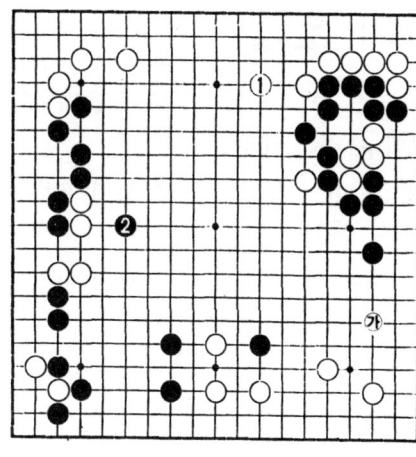

6 도

6 도 (백고전)
상변을 백 1 로 지
키는 것이 절호점
이다. 우변은 ㉮
의 곳이 크다.
　흑 2 로 좌변의
백을 공격하여 백
이 고전의 싸움이
다.

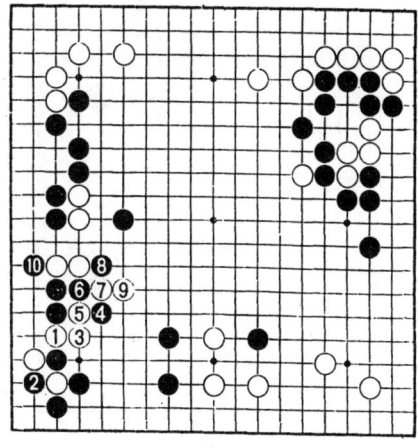

7 도

7 도 (수 없음)
전도의 다음　백
1 , 3 으로 귀쪽
을 두는 수. 흑 4
의 분단에 백 5 ,
7 로 나가 끊음
은 흑 8 , 10 까지
무리이다.

25. 좌변의 초점

1도(다음의 한 수는?) 상면의 ㉮의 곳은 큰곳이다. 백이 ㉮로 지키면 집이 대단히 커진다.

혹이 이곳에 두면 우변에 두고 혹 한점이 활력을 갖게 된다. 불완전한 좌하의 혹집.

혹을 유리하게 이끄는 다음의 한 수는 어느 곳일까.

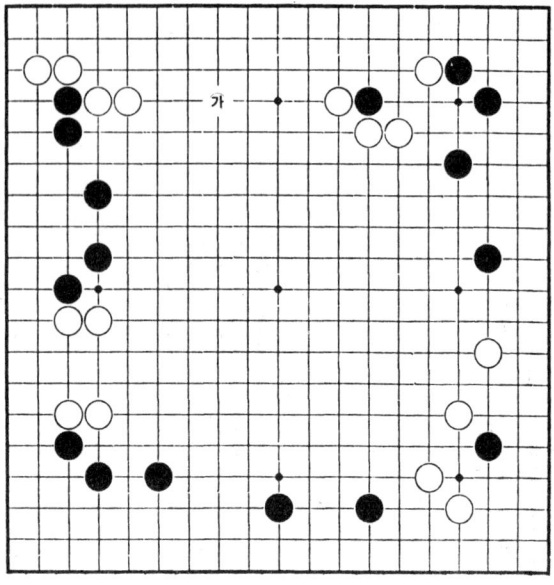

1 도

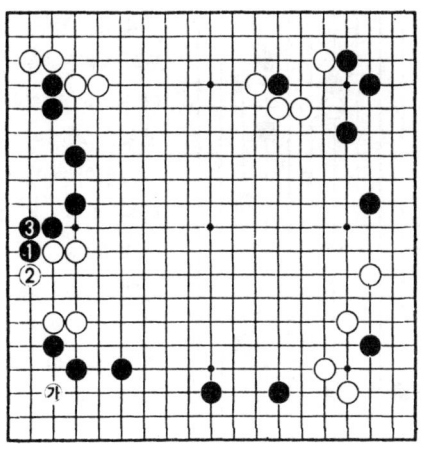

2도

2도 (확실한 젖혀 이음) 좌상의 흑이 약체이다. 여기서 흑 1, 3의 젖혀 이음은 확실한 수이다. 좌변의 백이 약하여 ㉮의 곳에 침입을 하는 수는 없다.

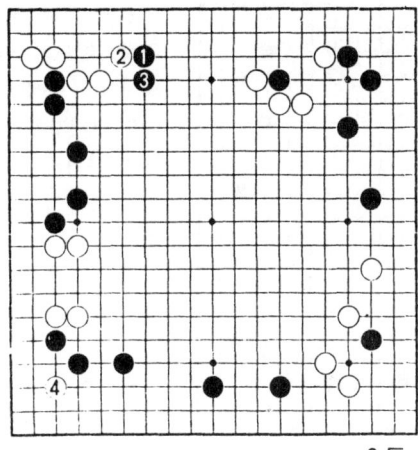

3도

3도 (좌하가 황량) 실전에서는 상변 흑 1의 침입이었다.

백 2, 흑 3 다음에 3·3에 침입하였다.

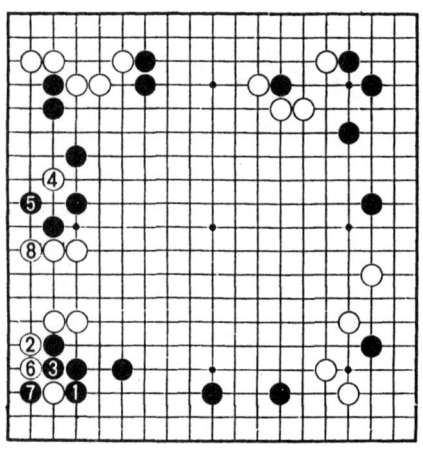

4 도

4 도 (전투) 전도의 다음 흑 1 의 수비. 백 2 의 젖힘은 외길이다.

좌변의 백이 강하여 **4** 의 반격을 받는다.

백 8 까지 좌변의 흑이 약하여 백의 유리한 싸움이다.

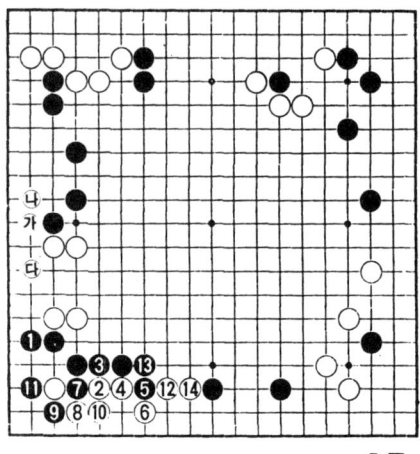

5 도

5 도 (하변이 황량) 전도의 변화이다. 흑 1 로 백의 건너감을 막으면 하변의 흑집이 볼품이 없다.

백㉮, 흑㉯, 백㉰로 탄력이 있다.

이것은 흑이 불만이다.

제 3 장

공격과 수비가
급한 곳

붙이거든 젖히라는 격언이 있다. 돌의
세력 관계가 1 대 1 의 붙임 상태를 말한
다.

젖힘의 한 수로 유리한 모양을 나타내
기도 하는데 이것은 공격의 원형이다. 큰
곳이 남아있는 상태에서 돌의 관계를 생
각해 보아야 한다.

이 장에서는 공격과 수비의 급한 곳을
모아 보았다.

최후까지 어떻게 변화되는가를 살펴보
자.

1. 큰 구상

1도(다음의 한 수는?) 좌상의 모양에서 백 1 의 2 칸 협공의 요점이다.

좌상의 백이 강하여 혹은 상대적으로 약해진다.

이 시점에서는 포석의 큰곳을 상변과, 우변이 남는다.

상변의 큰곳은 우상의 백 1 점이 급한곳인가 아닌가가 문제이다. 다음의 혹의 수는?

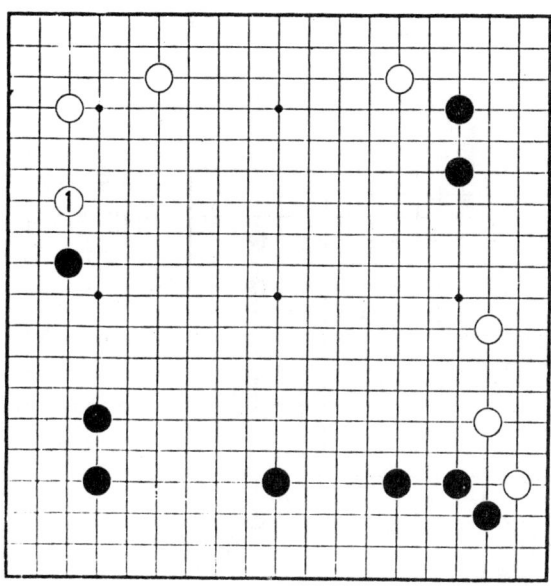

1 도

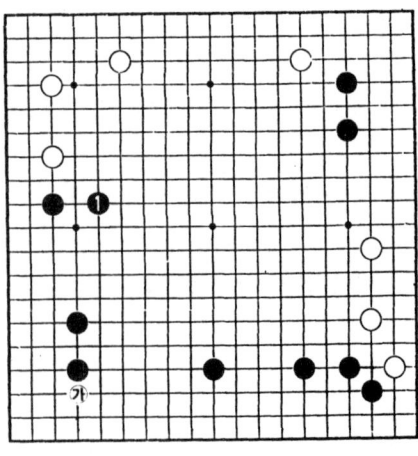

2 도 (대모양)
흑 1의 한칸 뜀
이 있다.

흑은 하변을 모
양화 하였다.

다음에 ㉮의 내
림에는 흑모양이
확정이 되어지는
요점이다.

2 도

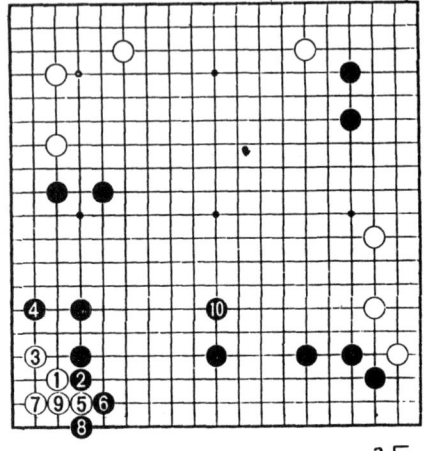

3 도 (봉쇄의
침입) 전도의 다
음 백 1로 좌하
귀의 3·3은 흑
2, 4로 봉쇄하
는 수가 있다.

흑10까지 대모
양이 완성된다.

3 도

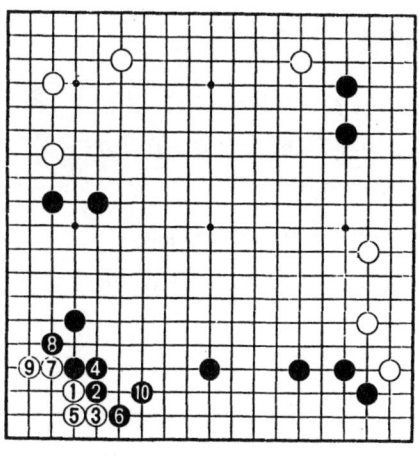

4 도

4 도 (모양이 크다) 전도의 변화이다.

백 1 의 붙임이 모양을 삭감하는 상용의 수단이다.

흑 2 로 바깥을 봉쇄하는 것이 전도와 같은 구상이다.

흑10까지 흑모양이 크다.

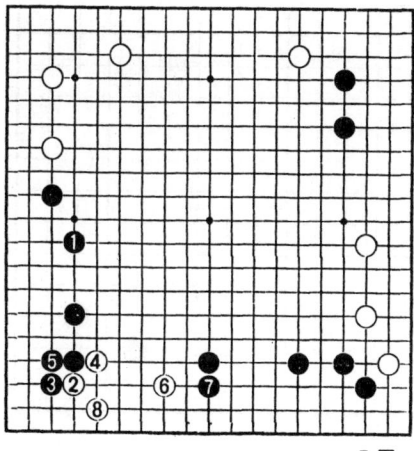

5 도

5 도 (작다) 이것은 실전이다. 좌변의 집을 작게 생각한 방법이다. 백이 좋다.

2. 세력권의 생각

1도(다음의 1수는?) 좌변의 2칸 벌림이 혹 수비의 절호점이다. 이것은 백 1점을 공격하는 입장이다. 백의 수비는 어떨까?

좌변을 지키는 것을 생각하여 보자.

혹세력권에 들어와 있는 백의 다음의 한 수는?

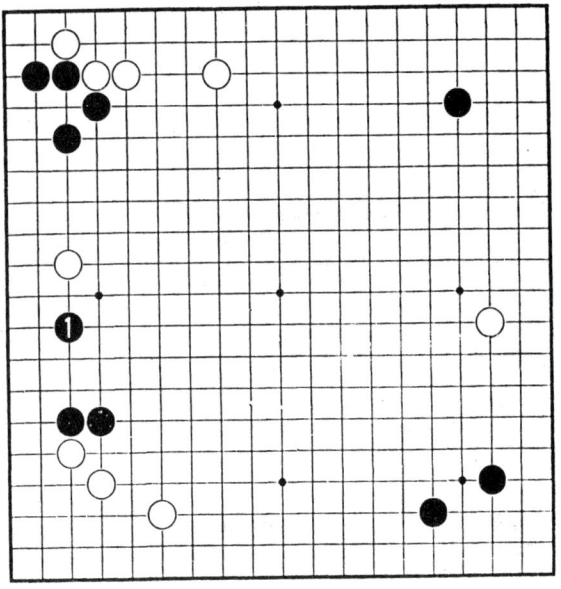

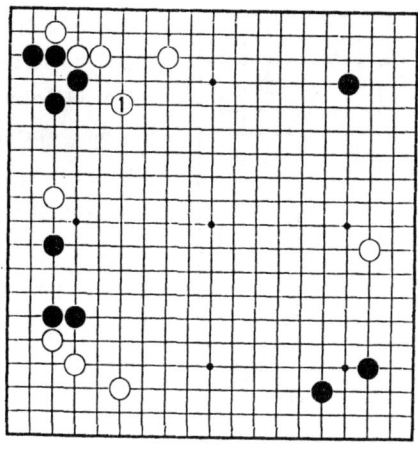

2 도

2 도 (우변의 지킴) 백의 다음 의 한 수는 1 의 날일자이다.

좌변의 백 1 점 을 직접 움직여나 가는 것은 상변에 응원이 있어 나쁘 다.

우선 백 1 로 상 변을 두텁게 하는 것이 좋은 수이다.

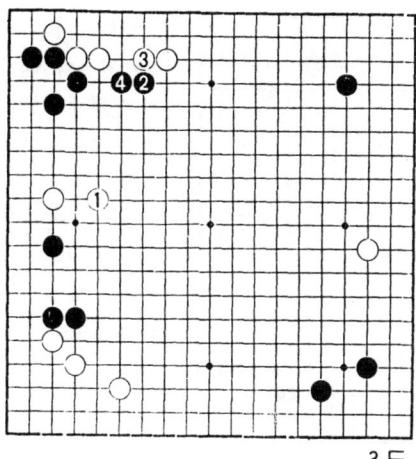

3 도

3 도 (중앙이 두텁다) 백 1 의 한 칸 뜀은 흑 2, 4 로 되어 중앙이 두터워진다.

이것은 백의 발 전을 막는 수이다.

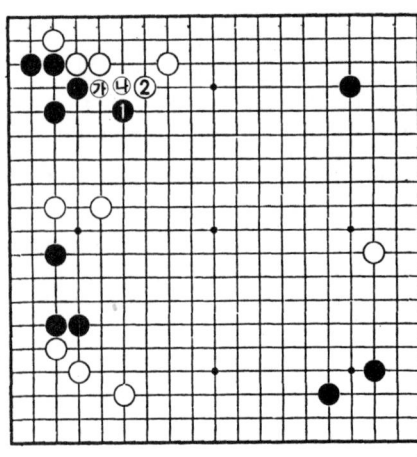

4 도

4 도 (이것도 중앙이 두텁다) 전도의 변화이다. 흑 1 의 날일자가 유력하다. 백 2 의 받음이 일착.

흑 1 로 ㉮ 는 백 ㉯, 흑 1, 백 2 로 역시 중앙이 두터워진다.

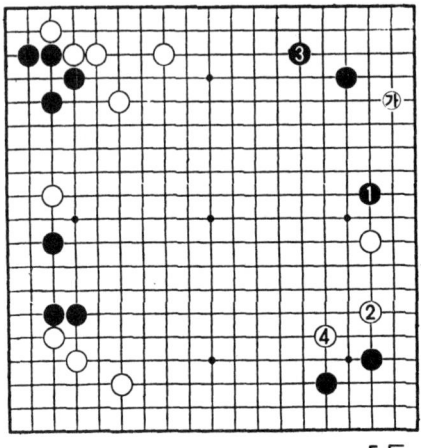

5 도

5 도 (넓은 바둑) 좌변의 예상된 전투에서, 흑 1 의 벌림은 큰 곳이다.

3 의 수비가 좋은 모양이다.

백은 4 로 우하의 돌을 압박한다.

3. 큰 곳

1도(다음의 수는?) 흑1로 우변의 큰곳에 둔다. 좌상의 두터운 맛을 이용한 수이다. 우변의 침입에는 흑㉮의 벌림으로 백의 고전이다.

흑은 세력을 키우고자 한다. 그래서 흑을 공격하여 중앙의 발전을 막아야 한다.

다음의 한 수는 어디일까?

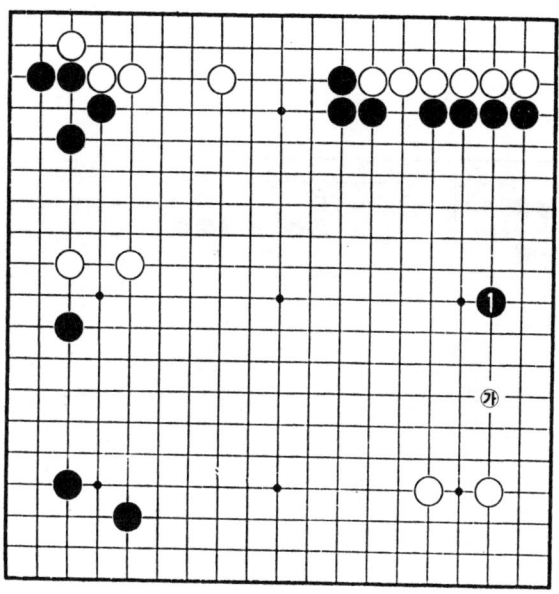

1도

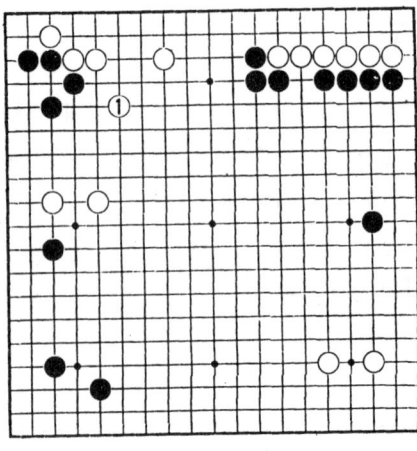

2 도

2 도 (일석삼조) 백 1의 날일 자가 요점이다.

백 1은 좌변의 수비를 겸한 수이 다.

이 점은 일석 삼조의 수이다.

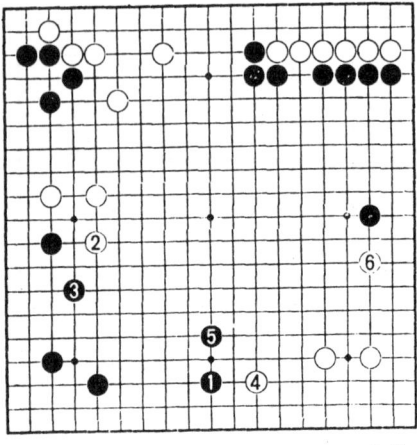

3 도

3 도 (흑의 대 모양) 전도의 다 음 흑 1로 하변 에 두는 수가 크 다.

백 4, 6의 양 날개는 엷은 의 미가 있다.

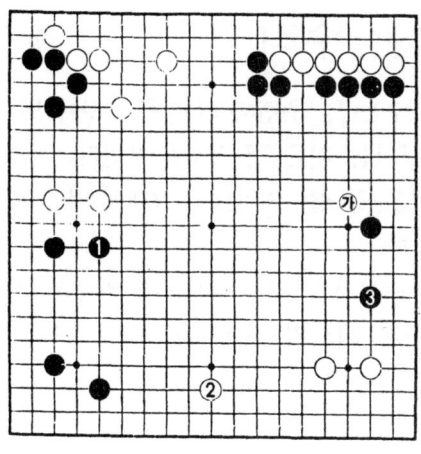

4 도

4 도 (삭감) 실전에서는 좌변의 흑 1의 한칸 뜀이다.

백 2로 큰 곳을 돌아갈 때 흑 3이 2단계의 좋은 곳이다. 백은 이다음 ㉮의 삭감을 노린다.

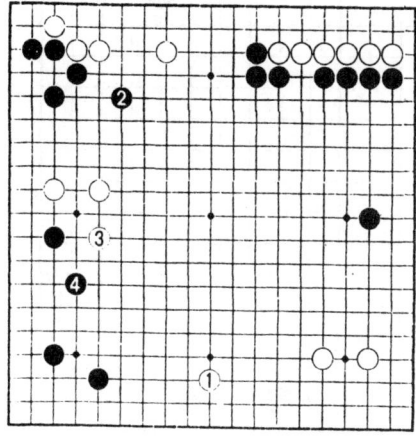

5 도

5 도 (좌변이 고립) 백 1로 하변의 큰곳을 가는 것은 흑 2가 호점이다.

백 3에는 4의 날일자로 우변 흑 모양이 큰 반면 백이 고립되어 있다.

4. 공격은 수비

1도(다음의 한수는?) 우변과 좌변에 큰곳이 남아있다. 흑1로 나가는 것은 큰곳으로 좌변의 전후를 중요시하고 있음을 볼 수 있다. 그래서 백은 다음 수가 고심스럽다.

백2점은 어떻게 처치할 것인가? 흑의 약점을 찌르는 수가 중요하다. 지키기 전에 공격하는 것이 필요한데 다음의 한 수는?

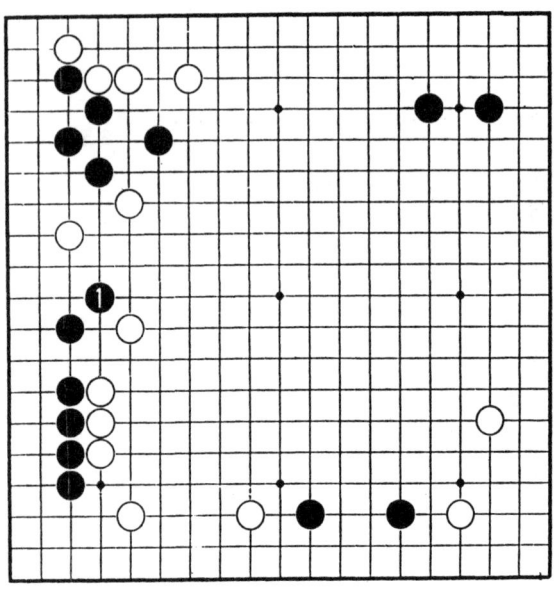

1
도

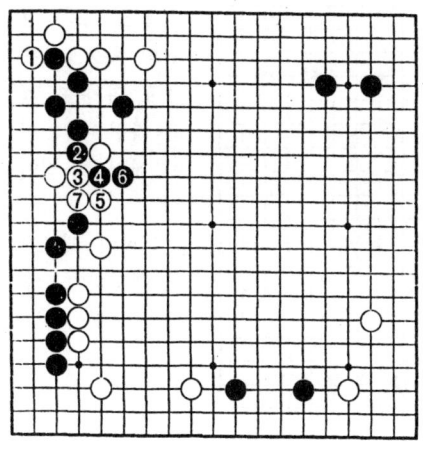

2 도

2도 (근거를 빼앗음) 백의 다음의 한 수는 백 1의 젖힘이다.

좌상의 흑의 근거를 빼앗으며 공격하는 것이 좌변의 백 2점의 수비를 겸한 수이다.

흑 2, 4에서 백 7까지 모양이 결정이 된다.

3 도

3도(큰곳) 전도의 다음 흑 1로 중앙을 지킨다. 백도 2로 두어 흑 ㉮를 방지한다.

다음 우변 4의 큰곳으로 갈 수가 있어 유망한 국면이다.

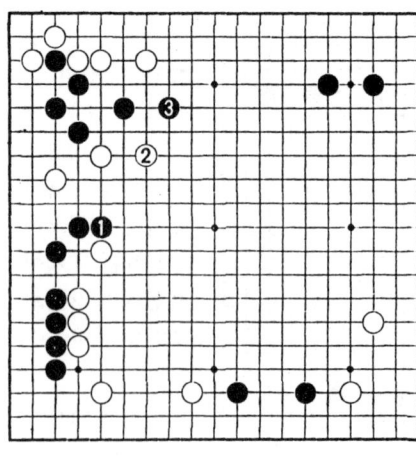

4 도

4 도(도망) **2**
도의 흑**2**로, 흑
1로 나가는 것
은 좌변 백2점
이 직접 움직인
다.
　하변의 백모양
이 견고하여 우
세의 국면이다.

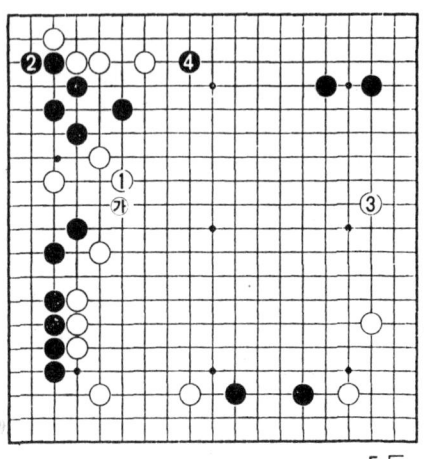

5 도

5 도(백이 엷
다) 백**1**로 좌변
을 마늘모로 지
키는 것은 한 방
법이지만 흑**2**로
지켜서 불만이다.
　흑은　다음에
㉮의 붙임을 노
릴 수가 있어 엷
은 국면이다.

5. 협공 작전

1도(다음의 한 수는?) 3점 바둑이다.

백의 두는 방법이 다소 무리가 있는 곳이다.

백1의 협공이 침입이다. 이것은 흑● 표가 우변에서 공격을 받고 있는 모양이다.

흑의 두터움을 이용한 다음의 처치가 관건이 된다.

흑의 다음의 한 수는 어느 곳일까?

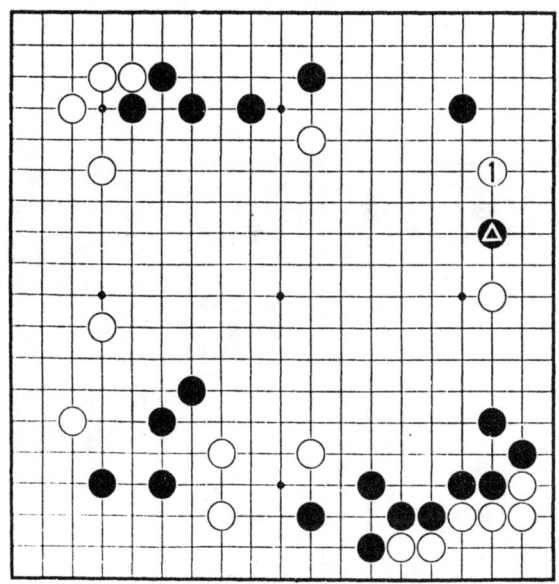

1도

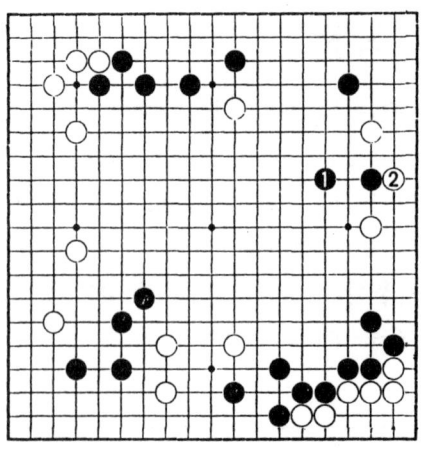

2 도

2 도(백의 이상) 이것은 실전의 수이다.

흑 1 의 한 칸 뜀엔 백 2 로 붙인다.

백은 연락할 수가 있어서 이상적인 모양이 된다.

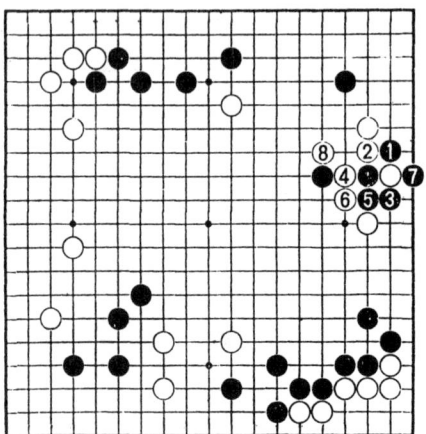

3 도

3 도(강경) 전도의 다음 흑 1 로 젖히는 것은 백 1 점을 이용하여 8 까지 이상적인 모양이 된다. 흑 모양이 삭감된 모양이다.

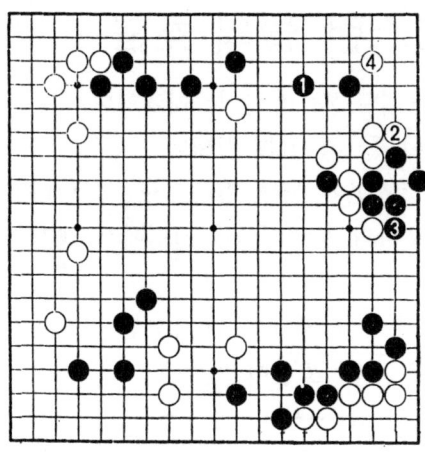

4도

4도(삭감) 전
도의 모양은 흑
모양이 삭감되었
다.

우상 귀의 흑
이 약하여 흑1
로 지킬 수밖에
없다. 백2를 선
수한 다음에 흑3
을 기다려 4로
귀의 곳에 둔다.

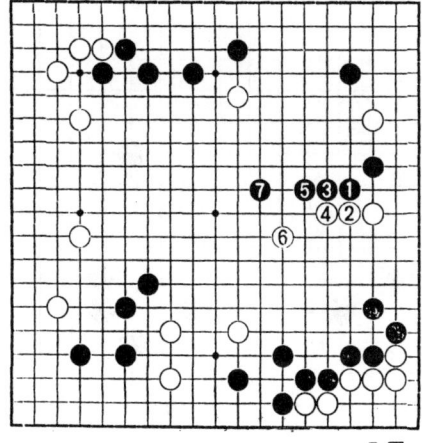

5도

5도(흑이 즐
거운 바둑) 흑의
다음의 수는 1
의 마늘모가 정
수이다.

상하의 백을 분
리시키는 수이다.
다음 흑3, 5로
중앙을 나간다.

이것은 흑이
즐거운 바둑이다.

6. 자연스런 돌의 흐름

1도(다음의 한 수는?) 흑이 둘 차례이다.

좌상의 흑 3점이 들 떠 있는 상태다.

좌변과 상변에 큰 곳이 눈에 뛴다. 자, 그렇다면 좌상의 수비냐, 우하의 공격이냐의 갈림에서 생각하지 않을 수 없다.

다음의 흑의 착수가 의외이다. 전국적인 작전의 의미가 자연스러운 돌의 흐름이 있다.

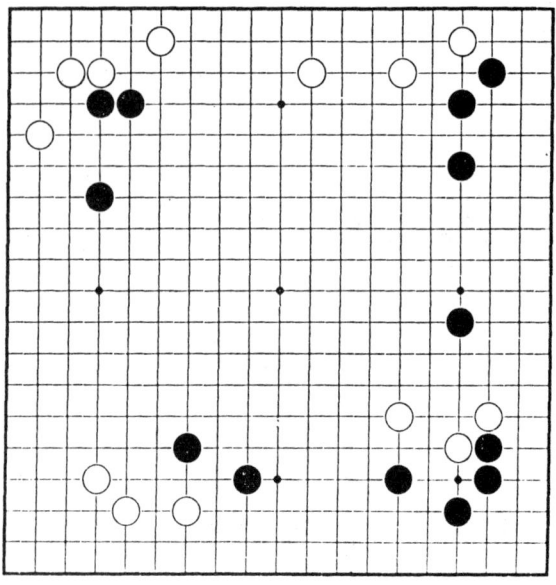

1도

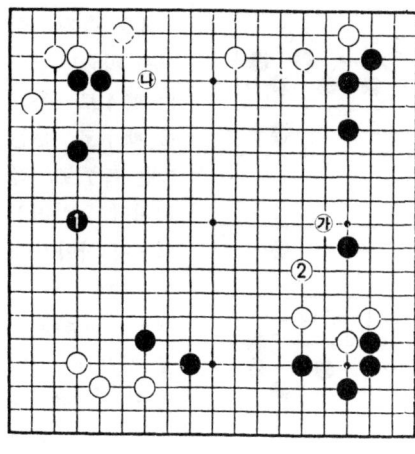

2 도

2 도(넓은 바둑) 이것은 실패의 예이다.

흑 1은 좌상의 흑 3점을 지키는 수이다. 흑은 백에서 좌변을 두는 것을 견제하고 있다. 그러면 백 2로 우하를 지킨다. ㉠의 씌움이나 ㉡를 노리는 맞보기로 넓은 바둑이 된다.

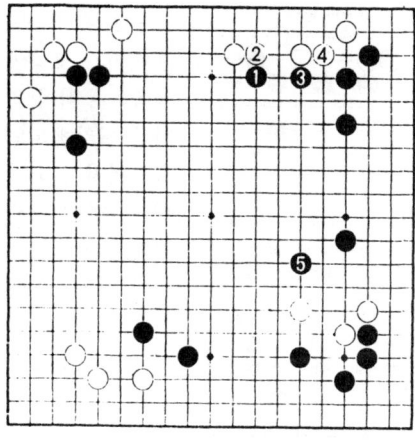

3 도

3 도(어깨 붙임) 흑의 다음의 수는 흑 1, 3 의 어깨붙임이다.

그 다음에 5의 날일자로 우하에 대모양을 구축한다.

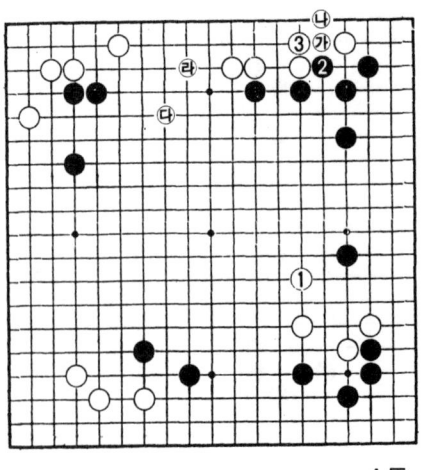

4 도

4 도(혹의 즐거운 바둑) 전도의 백 **4**로 우하를 백 **1**로 두는 것은 혹 **2**로 젖혀내려 상변의 백집이 작아진다. 이 다음에 혹 ㉮ 백 ㉯, 다음에 ㉰로 지키게 되면 ㉱의 공격을 볼 수가 있어 혹이 즐거운 바둑이 된다.

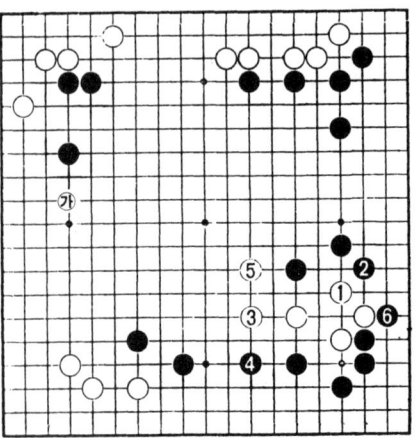

5 도

5 도(혹 우세) **3**도의 모양에 계속하여 백이 우하를 지키게 되면 혹 **6**까지 되어 단연 혹이 우세하다.

이 다음에 백 ㉮로 두어서 겁날 것은 없다.

7. 수비인가 큰 곳인가

1도(다음의 한 수는?) 포석이 이루어지는 초반의 단계이다. 프로의 실전에서 많이 나타나는 모양이다.

흑 1의 눈목자는 우변에 백의 엷은 맛을 노리는 수이다. 포석의 큰곳은 좌변과 하변이다.

백이 우변을 지키거나 큰곳을 선택하거나 하는 기로이다. 다음의 한 수는?

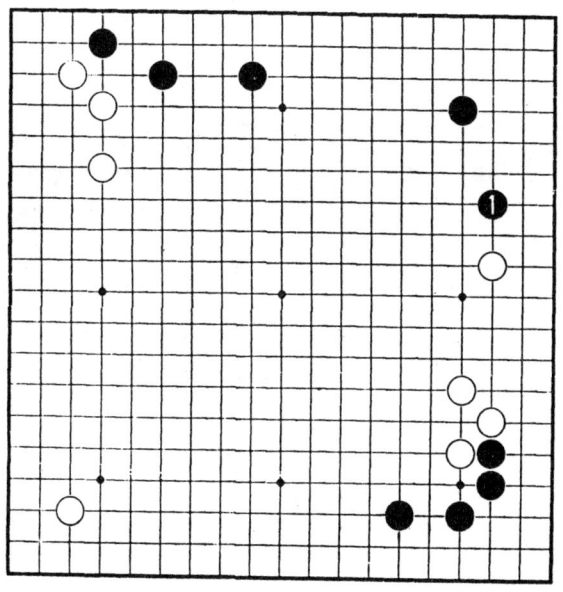

1
도

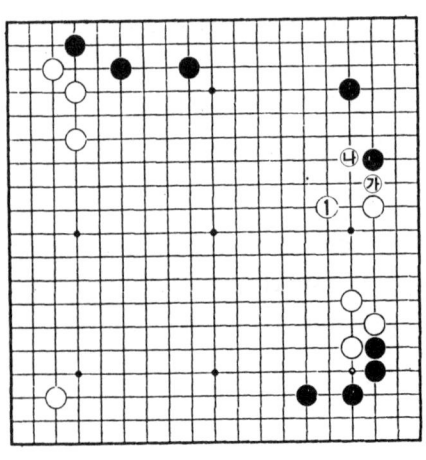

2도 (수비가 포인트) 백 1이 다음의 한 수이다. 우변에 침입하는 것을 방지하는 요점으로 우변의 백이 강해진다.

백 1로 ㉮, 혹 ㉯는 흑모양이 견고하게 된다.

2도

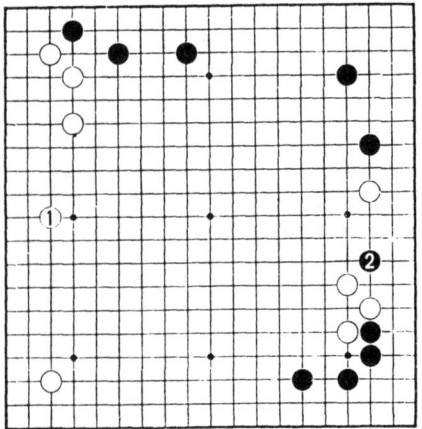

3도(큰 곳을 두면) 우변을 손뺀다면 좌변의 큰곳에 둔다.

백 1은 좌하의 3, 3과 일관된 수. 그러면 흑 2 의 침입이 있다. 이 다음에 — ·

3도

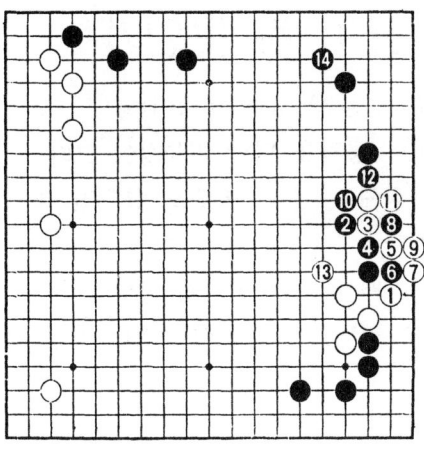

4 도

4 도(우하가 견고함) 백 1 의 마늘모는 모양이 다.

흑 2 의 날일자 다음12까지 흑모 양이 견고하게 된 다. 백의 불만이 다.

백13에는 우변 을 손뺀다.

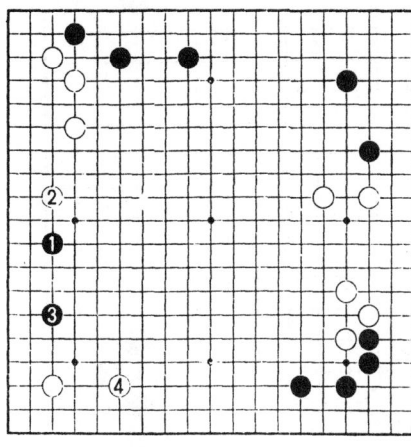

5 도

5 도 (포인트) 백이 위변을 지 키면 흑은 좌변 의 큰곳으로 건 너간다.

흑 1 이 포인트 이다. 백 2, 4 는 조화있는 모양. 이것으로 한판의 바둑이 된다.

8.어느 곳이 큰 곳인가

1도(다음의 한 수는?) 3점 바둑이다.

좌하의 백 한점이 공격을 당할 가능성이 크다.

백1로 도망을 하여 나간다. 흑2로 늘으면 백3의 받음은 모양이다.

흑4가 불가피할 때 백5로 단단한 모양이다.

자, 다음의 흑은 어디가 요점일까? 여러 곳이 생각나는 대목이다.

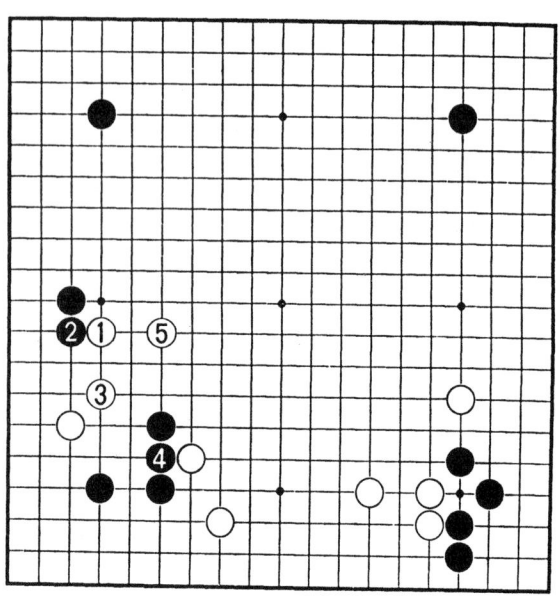

1도

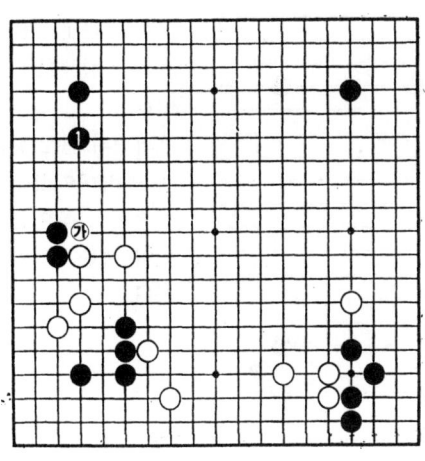

2 도

2 도(2 립 3 전)
흑 1 의 수비가
다음의 한 수이
다. 좌변의 백이
엷어서 2 립 3 전
의 모양이다.

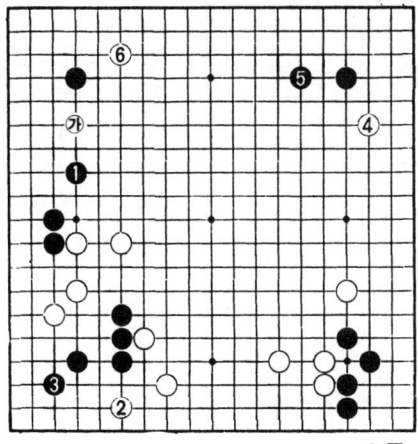

3 도

3 도(흑 중복)
이것은 실전이다.
흑 1 의 날일자.
백 2 에서 6 까지
진행이다.

흑은 결국 ㉮
의 수비가 필요
하다. 좌변의 중
복이 된 느낌이
다. 백 6 으로 가
깝게 걸쳐간다.

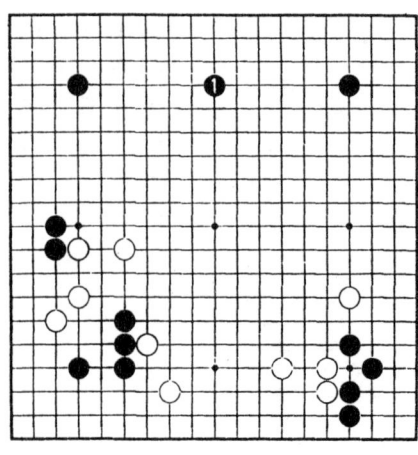

4 도 (큰곳) 변의 흑1의 큰곳이다.

좌변의 흑2점과 콤비네이션을 이루는 흑1은 발이 빠른 느낌이다.

4 도

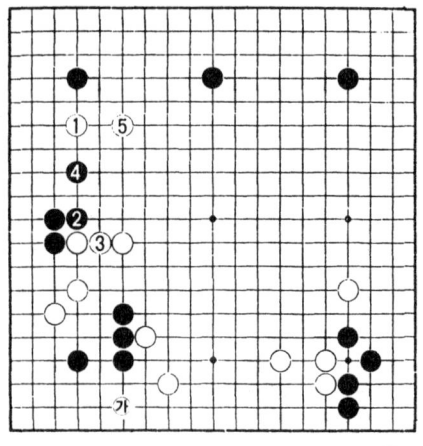

5 도 (백의 공격) 전도의 다음, 백1로 좌상에 걸치면 흑4 다음 백5가 가볍다.

좌상의 전투는 백이 좋다.

5 도

9. 여기가 불안

1도(다음의 한 수는?) 좌변에 큰 곳이 남아 있다. 백이 둔다면 상하의 백이 관련된 수일 것이다. 또한 중앙에 세력을 만드는 것은, 급공을 가하는 것이 필요한 곳이다.

중앙의 백이 공격을 받을 여지가 있어 1의 마늘모로 혹 2를 강요하였다.

자, 다음의 한수는 어디일까?

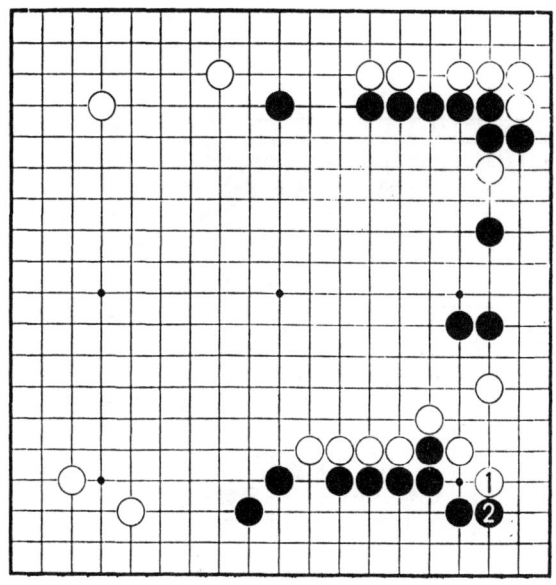

1
도

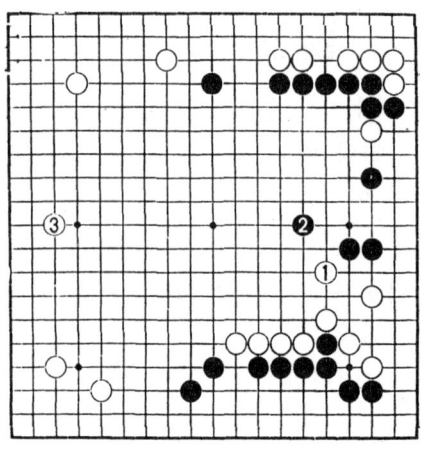

2도(수비) 다음의 한 수는 백 1의 한칸이다.

좌변의 큰곳과 우하의 수비, 다음 좌변의 흑모양의 삭감은 1의 곳이 급한 곳이다.

흑2로 지키면 3의 큰곳에 간다.

2 도

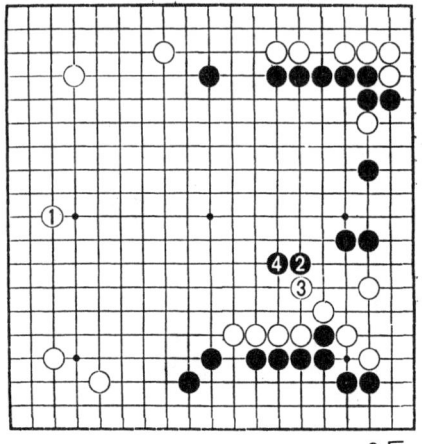

3도(우변이 크다) 백1의 큰곳을 선점하게 되면 흑2가 공격의 급소이다.

흑4까지 백을 공격하여 우변의 흑모양이 크다.

3 도

10. 대항의 포인트

1도(다음의 한 수는?) 흑이 둘 차례이다.

여러 가지의 문제가 생각나는 곳이다. 중앙에는 흑의 강한 세력이 있다. 우상에서 중앙으로 발전을 하고 있다.

백은 좌변에서 상변, 그리고 좌하와 우하, 우상의 삶등으로 나뉘어져 있다.

흑이 백에 대항하는 것은 중앙을 키우는 것이다.

다음의 한수는 어디일가?

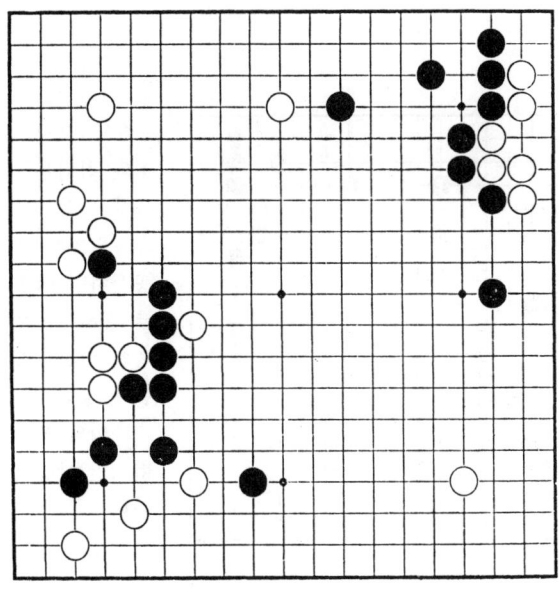

1도

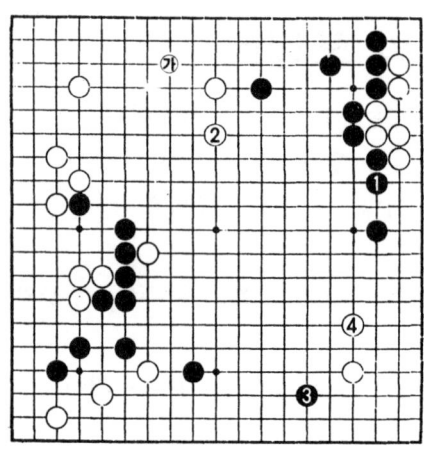

2 도 (촛점의 뻗음) 흑1이 다음의 한 수이다.

백2에서 4까지는 외길이다.

상변 ㉮의 곳 침입을 보강하는 백2는 좋은 수.

허나 상변은 완전하지가 않다.

2 도

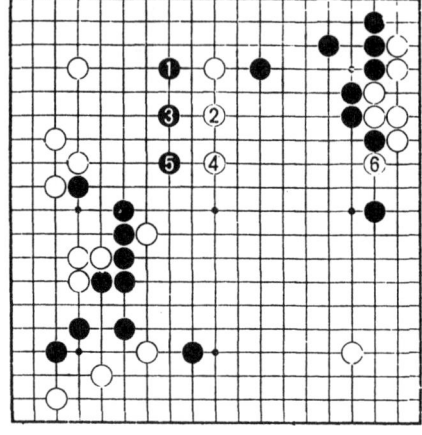

3 도(모양) 흑 1의 침입은 지나친 느낌이다.

흑5까지 백을 공격하면 백6으로 젖혀 우변의 흑의 엷은 모양을 응징한다.

중앙의 흑이 두텁지만 영향권 외이다.

3 도

11. 뻗는 수

1도(다음의 수는?) 우상에 큰곳이 있다.

흑은 1로 씌웠다. 그리하여 중앙을 두텁게 하였다. 백2의 붙임에서 8의 **뻗음**까지 백은 저 위를 기고 있다. 흑의 다음의 수가 문제이다.

발 빠르게 큰곳을 선점하느냐 아니면 지키느냐의 갈림이다.

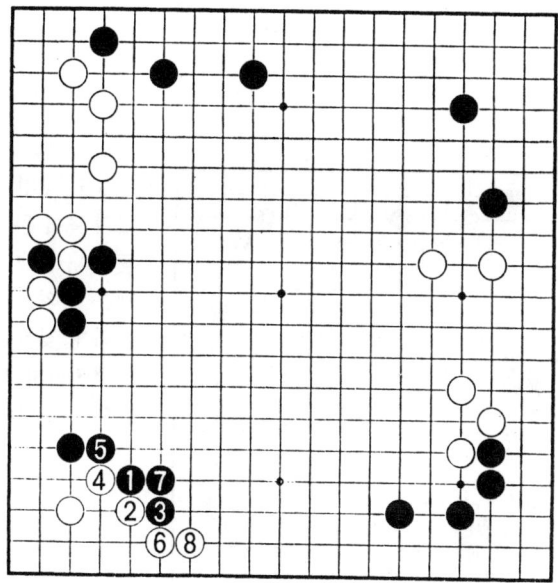

1도

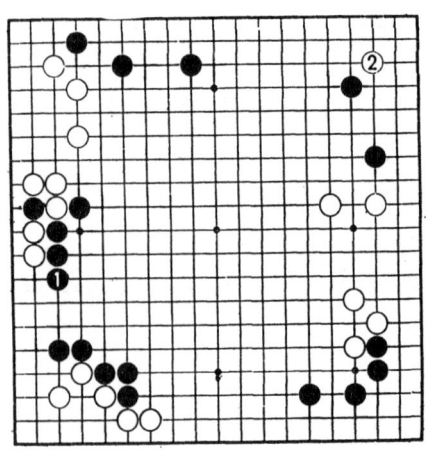

2 도

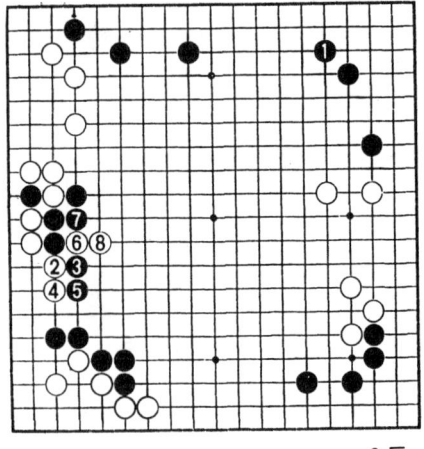

3 도

2 도 (혹 1 이 급한 곳) 혹의 다음의 수는 혹 1 의 뻗음이다.

하변의 두터운 맛을 이용하는수 이다. 그러면 백 은 우상의 큰곳 을 둔다.

3 도(고전) 우 상의 혹 1은 큰 곳이다. 그러면 백은 2 의 곳을 강하게 젖힌다.

백 8 까지 되어 혹의 고전이다.

12. 상식

1도(다음의 수는?) 좌변을 2연성으로 두었다.
우하는 정석이 이루어진 과정이다.

백이 우변의 흑세력을 가름하고 있다. 백1, 3 으
로 중앙을 두텁게 둔 뒤 2연성을 움직인다.

흑4 는 중앙을 지키는 수.

다음의 백의 한 수가 상식에 지나지 않는다.

어느 곳일까?

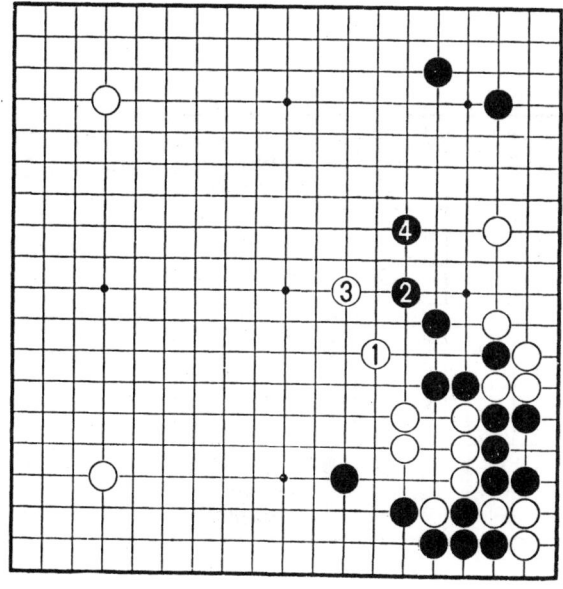

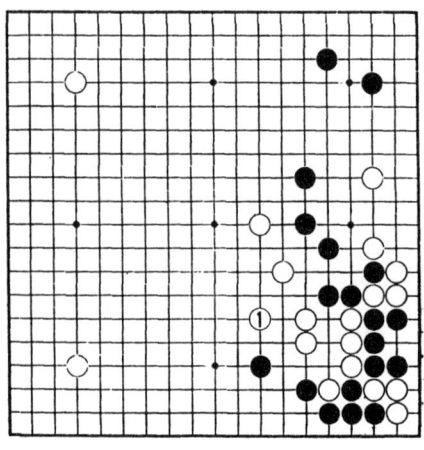

2 도

2 도 (중앙을 지킴) 백 1 의 지킴으로 중앙의 결점을 보강한다. 우변의 백은 살아있는 돌이다.

백은 중앙을 보강하여 장래 좌변의 전투에 대비한다.

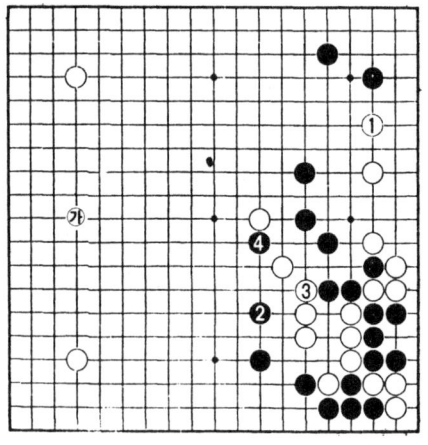

3 도

3 도(변화) 우변의 백 1 은 좋은 점이다.

그러나 흑 2 의 급소를 당하여 좋지가 않다. 흑 4 로 중앙을 절단 당하여 고전이다.

백 1 로 좌변의 ㉮의 큰곳에 가는 수는 없다.

13. 큰곳이 많다

1도(다음의 수는?) 좌변의 흑1의 마늘모는 흑 2로 받는다.

이로써 좌변은 일단락이다.

상변, 우변, 그 다음에 우하, 많은 곳이 한 눈에 들어온다.

흑의 다음의 한 수는?

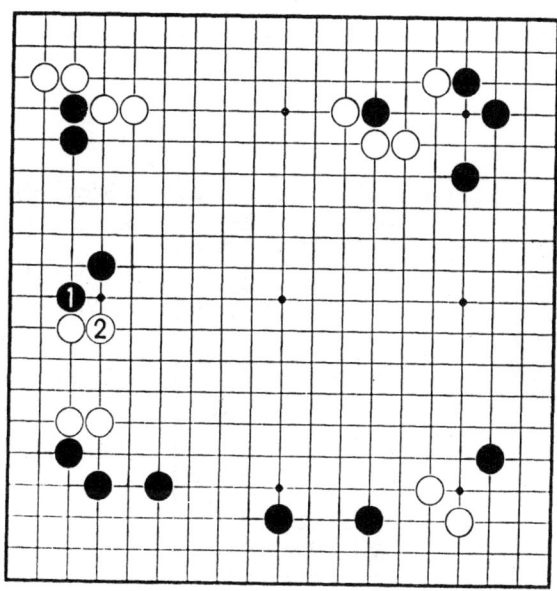

1도

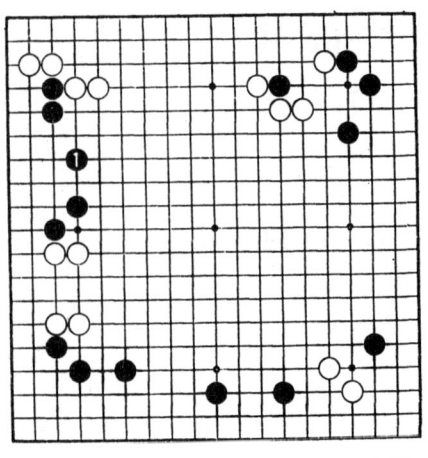

2 도

2 도(수비) 좌상을 흑1로 지키는 것이 다음의 한 수이다. 좌상의 흑이 강하여져 백이 약하다.

이것으로 좌하의 흑집이 수비를 하지 않는다.

3 곳의 의미가 있는 곳이다.

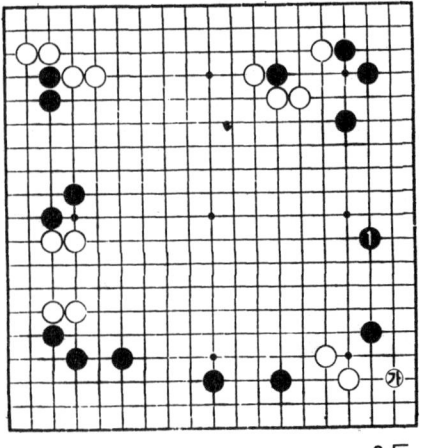

3 도

3 도(큰곳) 우변의 흑1은 절호의 큰곳이다. 우상이라면 다음 흑㉮로 우하의 백을 공격한다.

큰곳의 최대급인데 그래서 — ·

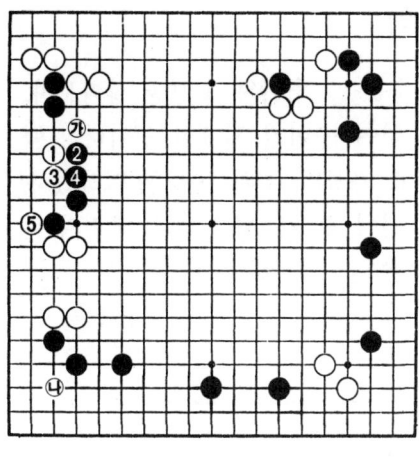

4 도

4도(흑이 뜨
는 돌이 되라)
흑이 우변을 두
면 백1로 치중
을 한다. 다음 백
5까지 좌변의
백이 안정된다.
　다음에 ㉮의
젖힘이다. ㉯의
침입을 노린다.

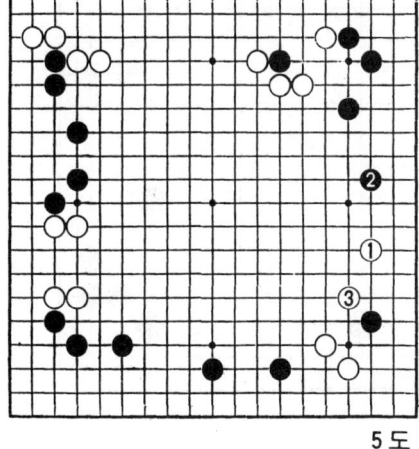

5 도

5도(흑이 좋
은 포석)　흑이
좌상을 지키게
되면 1로 우변
을 둔다.
　흑2에 백3까
지, 좌하의 흑을
공격한다.
　그러나 흑이
좌변의 백을 공
격할 수 있어서
아주 좋다.

14. 대공격

1도(다음의 한 수는?) 우하의 모양을 살펴보자. 백의 모양이 불안정하여 수비가 필요한 곳이다. 백은이곳에서손을 빼고 좌상의 1의 곳을 선점하였다.

우하는 가벼운 모양이다. 자, 흑선이다. 백 1 의 큰 곳에 대항을 하는 방법을 생각하여 보자.

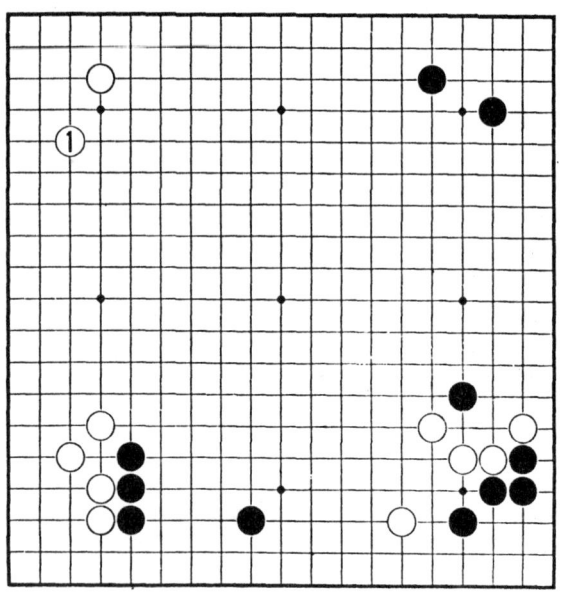

1도

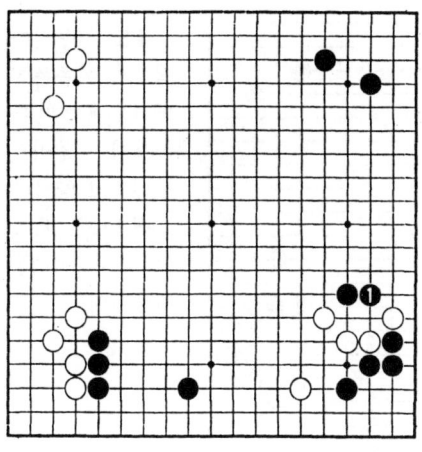

2 도

2 도(대공격)
우하의 백은 가
벼운 돌이다. 그
래서 전체를 노
리는 수를 쓸 필
요가 있다. 흑1
이 모양의 급소
이다.

　대공격을 하는
시발점이다.

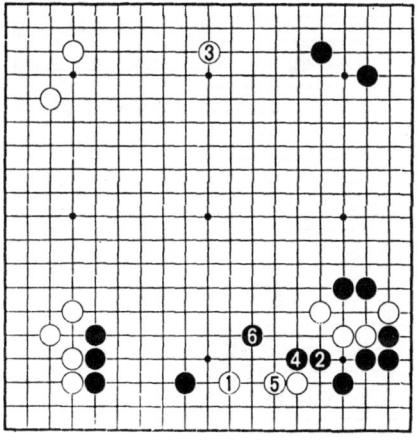

3 도

3 도(흑 좋다)
전도의 다음 백
이 1의 곳을 두
면 흑2에는 백
3, 다음 흑4, 6
으로 우변으로나
가서 흑이 좋다.

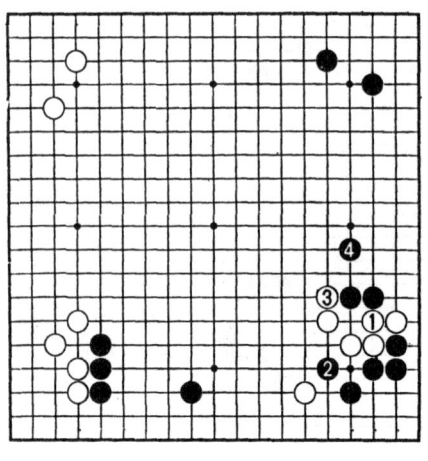

4 도

4 도 (무겁다)
백 1 의 이음은어
떨까? 흑 2 의 마
늘모가 좋아서
무거운 모양이다.
백 3 에는 흑 4
로 백이 어려운
싸움이다.

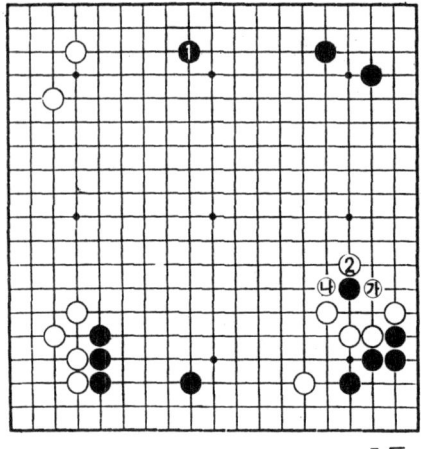

5 도

5 도(백의 움
직임) 흑 1 로 상
변의 큰곳을 두
면 백 2 의 붙이
는 수가 있다.
흑 ㉑이면 백
㉯로 모양이 결
정된다.

15. 보강한 다음

1도(다음의 수는?) 좌상에서 중앙으로 도망하여 나가 백의 근거가 약해지고 있다. 또 좌변의 백도 완전한 모양이 아니다.

그래서 백1의 붙임과 3의 붙임이 상변 전체의 연결하는 맥이다. 혹4로 받으면 백은 선수를 잡게 된다. 백의 다음 수가 의외이다. 큰곳은 아니다.

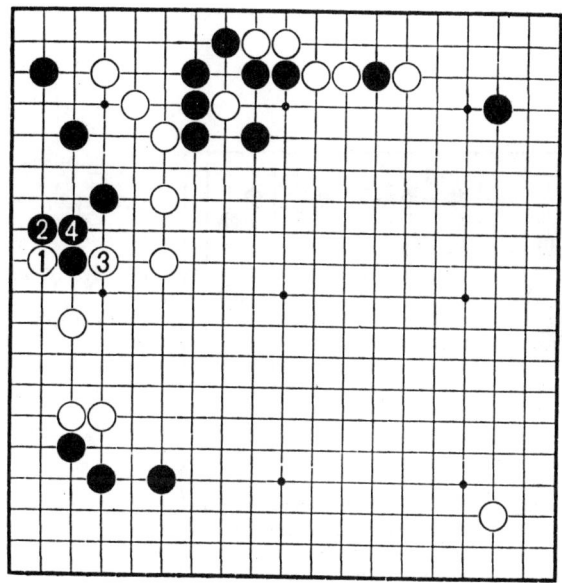

1도

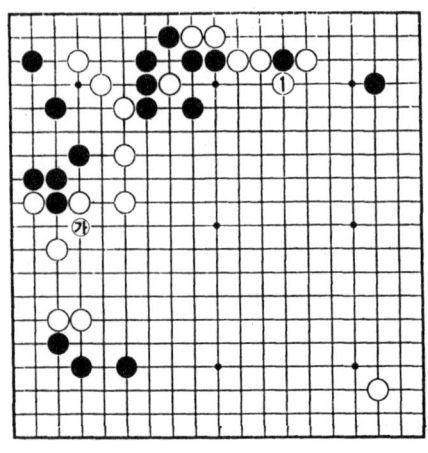

2도 (상변의
수비) 백의 다음
의 한수는 상변
백1의 단수이다.
좌변은 흑 ㉮
의 젖힘으로 일
단은 공격하는
영향이 있다.
백1은 싸움을
대비한 수이다.

2도

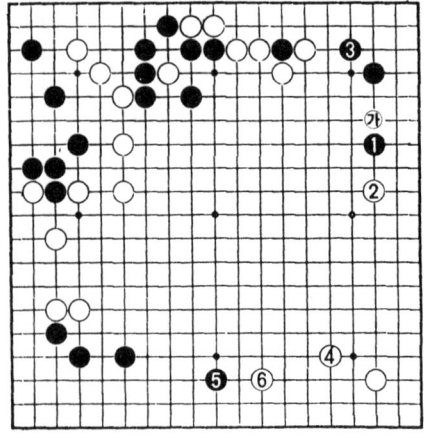

3도(변화) 전
도의 다음 좌상
의 흑이 약해진
다. 흑1은 백㉮
의 다가섬을 막
는다.
이하 6까지
큰곳을 둔다.

3도

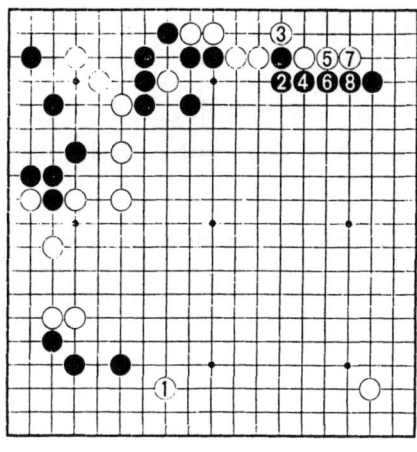

4 도(흑이 좋다) 좌하 백 1 의 걸침이 큰곳이다.

그러면 흑은 상변을 뻗어서 나간다.

백 3 에서 8 까지 우상이 두터워 진다.

4 도

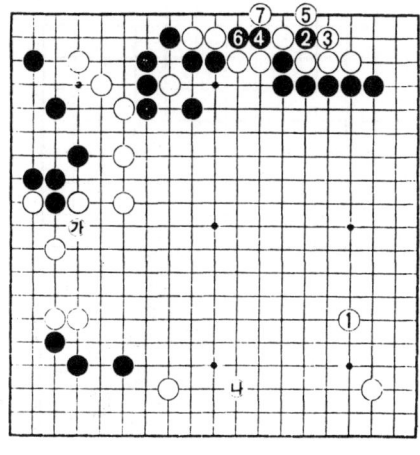

5 도(중앙강화) 전도의 다음 백 1 로 우하를 두면 흑 2 에서 백 7 까지 상변 백의 출로가 막힌다.

흑 ㉮의 젖혀 나감은 흑 ㉯로 받는다.

5 도

16. 젖혀나감

1도(다음의 수는?) 4점 바둑이다.

백1의 걸침에 흑2로 협공을 하여 이후까지 변화된 모양이다.

백3의 양걸침에서 13까지 우변의 백의 세력 하변은 흑집으로 분리되었다. 이 다음의 수가 문제이다. 다음의 한수는 어느 곳일까?

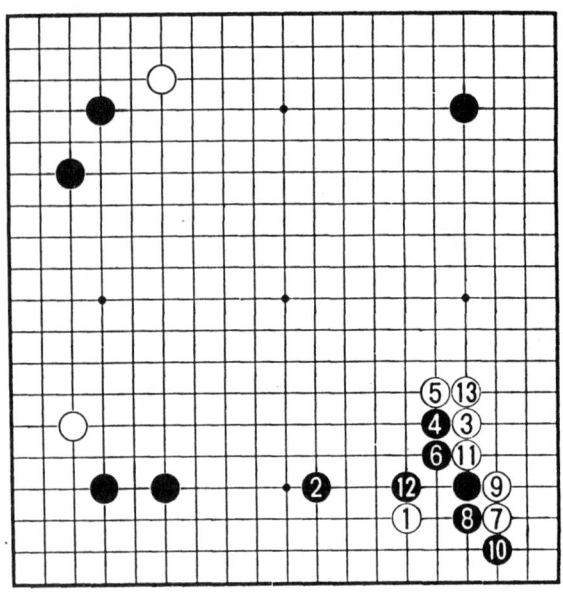

1도

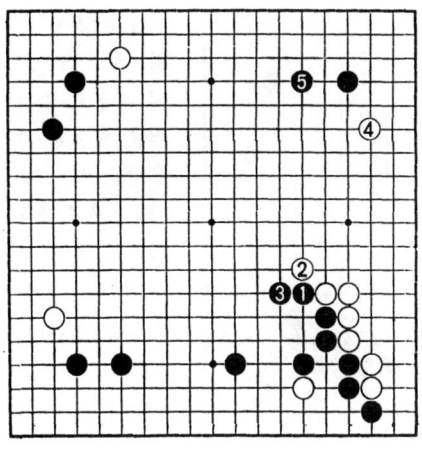

2 도 (흑이 순조로운 포석) 흑 1의 젖힘이 다음의 한 수이다.

백 2, 흑 3으로 하변의 흑집이 크다.

백 4의 걸침에 흑 5로 받아서 흑이 순조로운 포석이다.

2 도

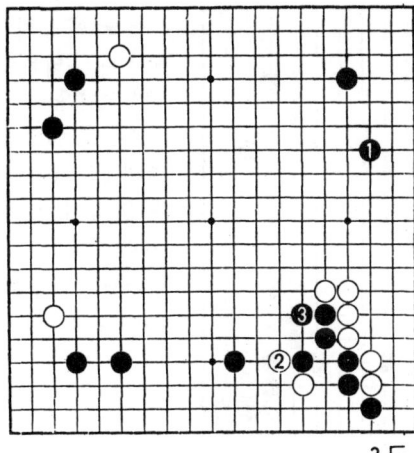

3 도 (맛이 나쁘다) 우상에 눈목자로 두는 것은 우하의 백 2로 젖힘이 맛이 나쁘다.

3 도

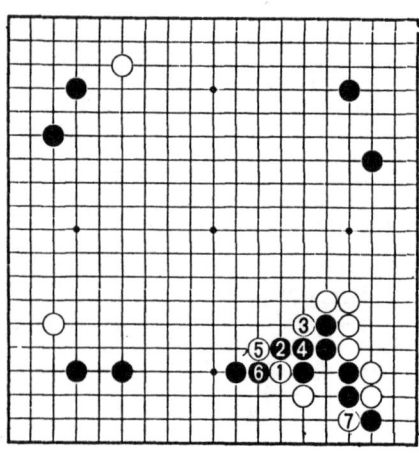

4 도

4 도

4 도(흑이 당함) 백1의 젖힘에 흑2로 막는 것은 백3의 단수하는 수가 있다. 흑4, 6은 자충의 형태. 백7까지 우하의 한점을 잡는다.

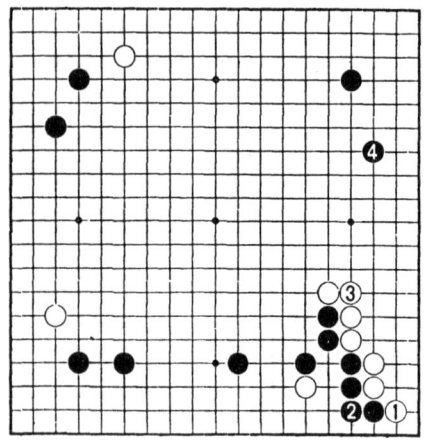

5 도

5 도(옛정석) 백1의 막음은 옛정석이다.

흑2로 이으면 3의곳을 잇는다. 흑은 4의 곳,큰 곳을 둔다.

현재는 백1의 수를 두지 않는다.

17. 타개의 수는 하나

1도(다음의 한 수는?) 혹의 차례이다.

우변의 전투에서 싸움이 파급이 되고 있는 상태이다.

백도 우변에서 중앙으로 나가고 있다. 혹은 이 다음 싸움에서 모양을 결정한다. 포석은 큰곳이 많이 남아있는 곳이다. 두는 수는 하나인데, 다음의 한수는 어느 곳일까?

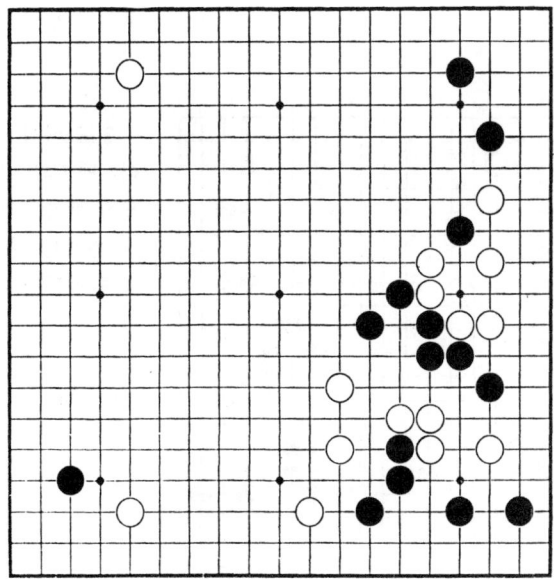

1
도

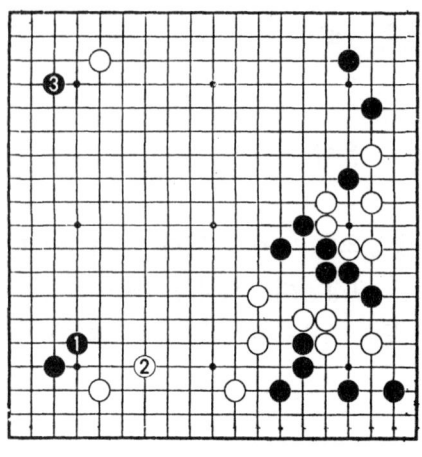

2도 (수책의 마늘모) 흑 1의 마늘모가 다음의 한 수이다.

수책의 마늘모로 견실한 수이다.

하변의 백모양이 커짐을 막는 수이다.

백 2를 기다려 흑 3의 큰곳으로 돌아간다.

2도

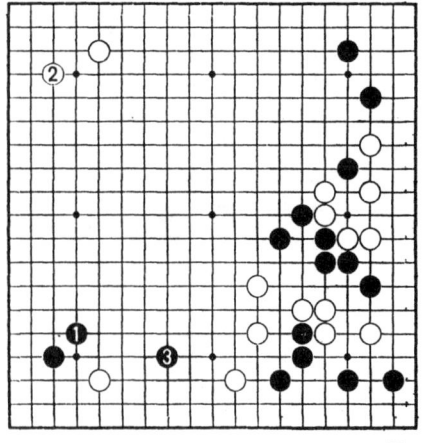

3도 (백이 엷다) 백 1의 마늘모에 백이 하변을 손빼면 흑 3으로 침입을 한다.

흑이 유리한 싸움이다.

3도

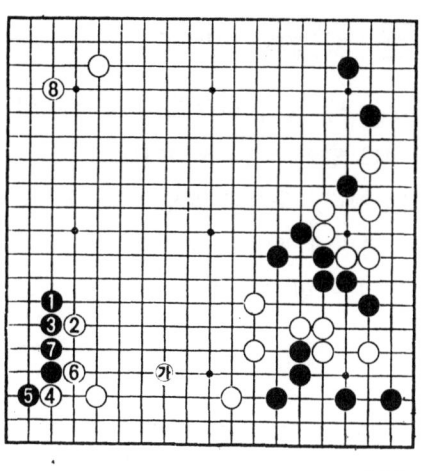

4 도

4 도(변화) 좌하귀를 지키는 방법은 같은데 흑 1의 2칸은 백 2에서 6까지 선수 이익을 취한 다음 8의 큰 곳에 둔다.

이 다음 흑㉠의 침입을 좌하의 백이 강하여 위험하다.

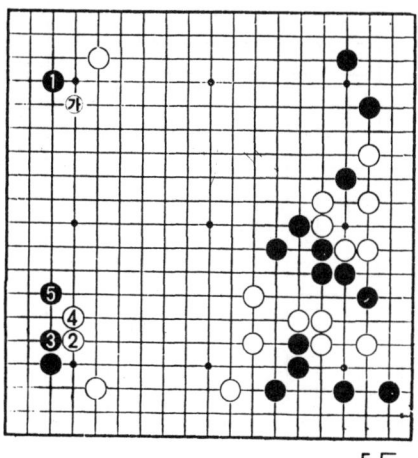

5 도

5 도(양쪽 씌움) 흑1의 걸침을 서두르는 것은 백2, 4의 씌움이 있다. 이것으로 하변이 견고하게 된다. 나중에 백㉠의 씌움으로 하변은 중복된 모양이다. 백의 우세이다.

18. 두터운 맛을 생각

1도(다음의 한 수는?) 3점 바둑으로 흑 차례이다. 좌변과 우변의 백모양이 엷은 모양이다.

그러나 문제는 좌변이다. 우상의 모양은 흑이 중앙에 세력을 만들어 좌변에 백을 공격하고 있다. 두터움을 이용한 흑의 다음 한 수는?

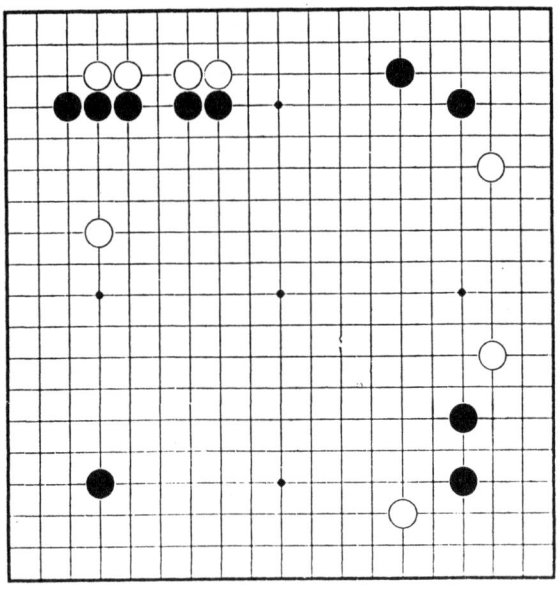

1도

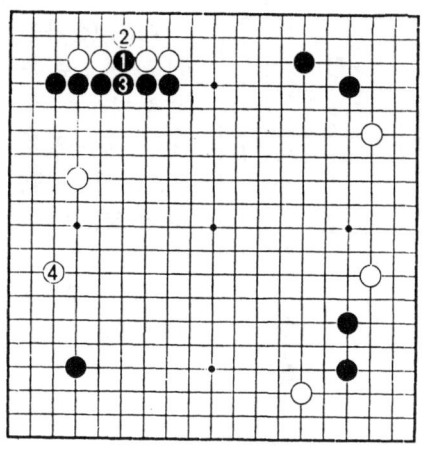

2 도

2도(완전하게)
흑1의 찌름에서
3까지 잇는 수
가 다음의 한 수
이다.
　좌상의　흑은
완전한 모양이다.
　흑이 십분 좋
은 모양이다.

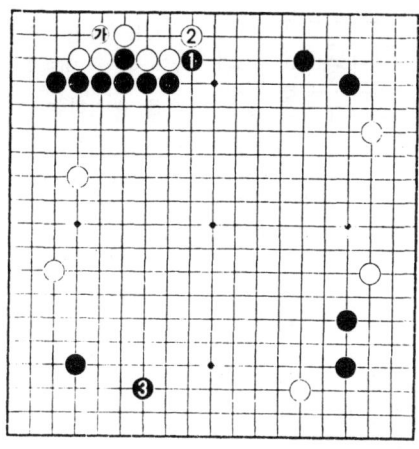

3 도

3도(백이 엷
다) 전도의 다음
흑1의　젖힘이
있다. ㉮의곳 끊
음이 남는다.
　백이 **2**의곳을
받으면 **3**의 큰
곳으로　전환을
한다.

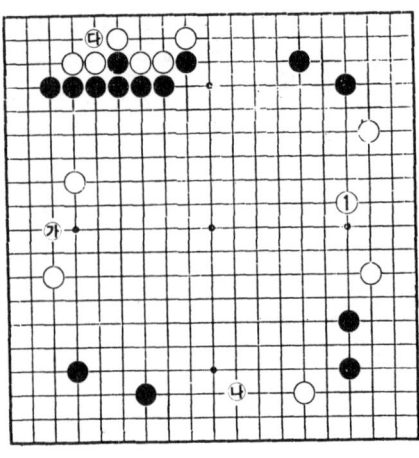

4 도 (즐거운 바둑) 백 1 로 우변을 지키는 수이다. 흑 ㉮의 침입, ㉯의 협공, ㉰의 끊음으로 2 점을 잡을 수가 있어 즐거운 바둑이다.

4 도

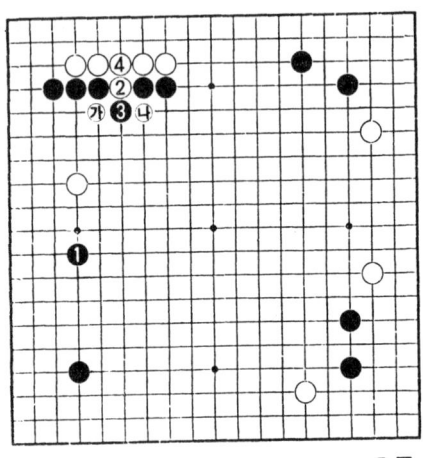

5 도(급한 수) 흑 1 의 협공은 백을 공격하는 수이지만 백 2, 4 가 급한 수이다. 흑의 ㉮, ㉯의 두 곳의 끊는 수가 남는다.

5 도

19. 대사정석의 변화

1도(다음의 수는?) 좌하귀는 대사백변이다. 정석의 기본으로 다음 수는 흑㉔의 뜀이다. 이 모양에서는 우하와 관련된 생각일 수 없다. 어쨋거나 대사정석은 대형정석이다.

흑㉔로 뛰지 않는다면 다음의 한 수는?

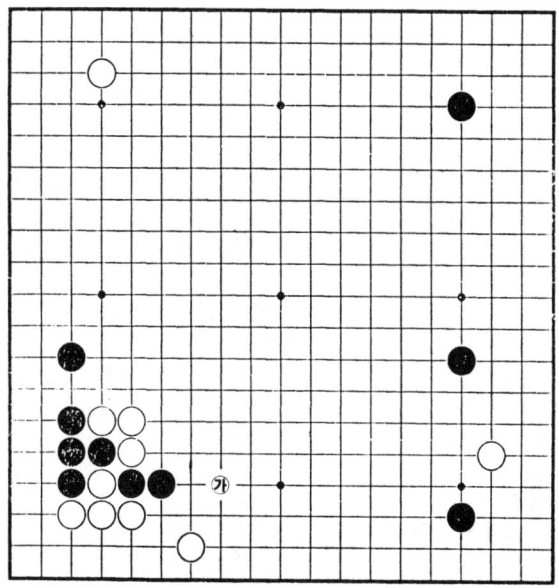

1도

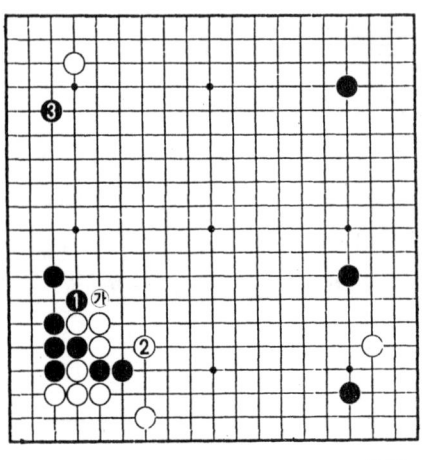

2 도

2도 (좌변의 모양) 우하의 배치에서 흑은 2점을 움직이지 않고 흑 1로 좌변을 견고하게 둔다.

백 2 일때 **3**의 큰곳에 걸쳐간다. 좌하는 ㉮의 곳의 선수가 남는다.

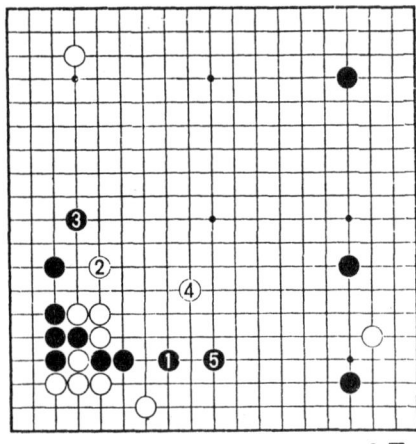

3 도

3도(정석) 흑 1도 정석이다.

그러면 백 **2**, **4**로 중앙을 전개한다.

흑 **5**로 한칸을 뛰어 나가면 이 다음—·

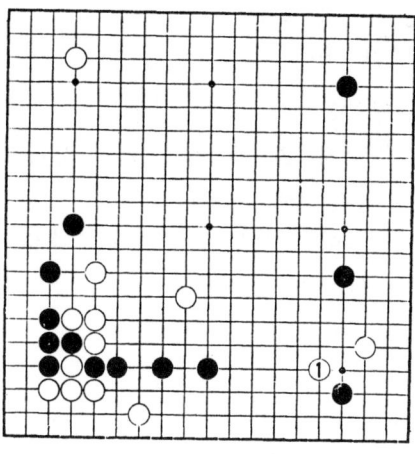

4 도

4 도(씌움) 백 1의 씌우는 수이다.

이것은 우하가 높은 정석이기 때문에 흑의 고전의 양상이다.

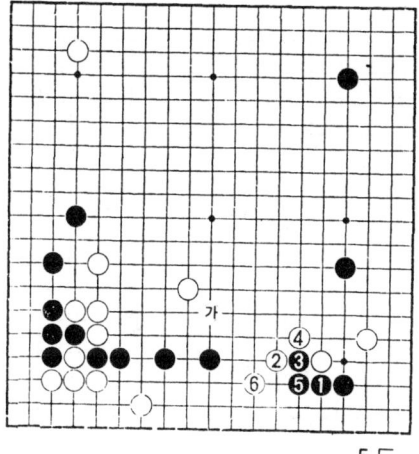

5 도

5 도(모양) 전도의 다음 흑 1의 받음은 백 2의 한칸이 있다.

흑 3, 5 는 상형이다. 흑 5 에는 백 6의 마늘모까지— ·흑 3으로 ㉮의 한칸은 백 5 로 우하귀를 공격한다.

20. 호선의 감각

1도(다음의 한 수는?) 5점 바둑이다.

바둑의 감각에 있어서는 호선의 감각과는 반하여
야 한다. 백1로 우상의 흑에 걸쳤다.

좌변이 넓은 감이 있어 한칸으로 강하게 다가들
었다. 흑의 다음의 한수는?

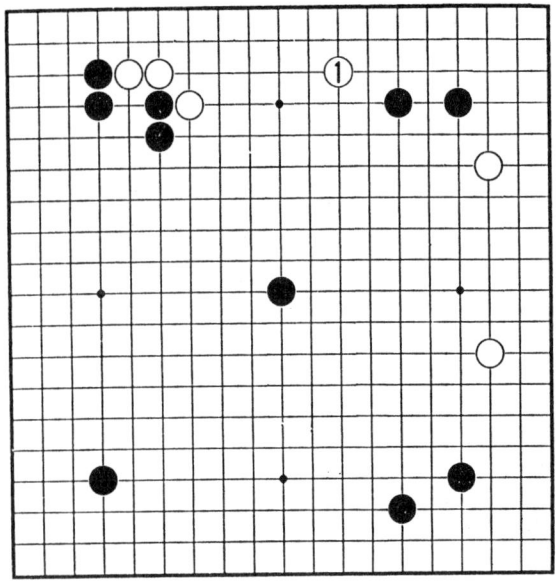

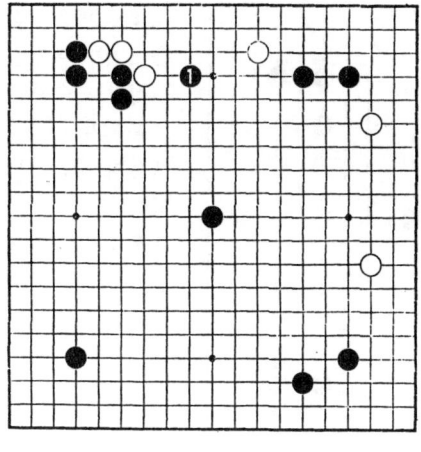

2 도

2 도(제 1 감)
흑 1 이 다음의
한 수이다. 좌상
의 백을 공격 급
소이자 맥이다.
우상의 흑과
관련이 있는 수
이다.

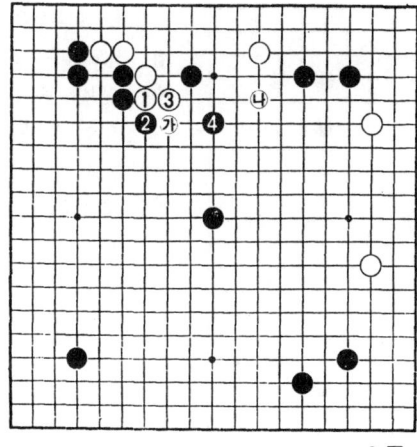

3 도

3 도(공격) 백
은 좌상을 1, 3
으로 나간다.
흑 4 의 날일자
다음 상변 백의
좌우를 노리고
있다. 다음에 백
㉮에서 흑㉯로
좋다.

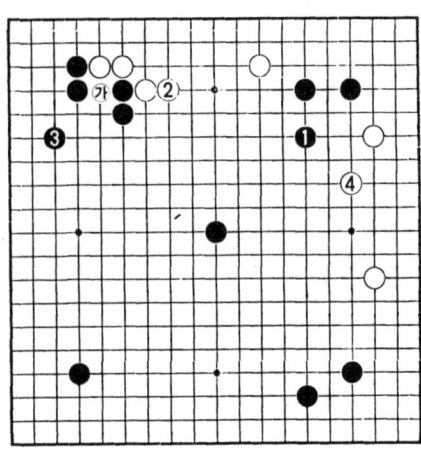

4 도

4 도(백의 좋은 모양) 이것은 실전의 착수이다.

흑1의 한칸에 백2가 좋은 모양이다.

흑3의 지킴에는 백4가 견고하다.

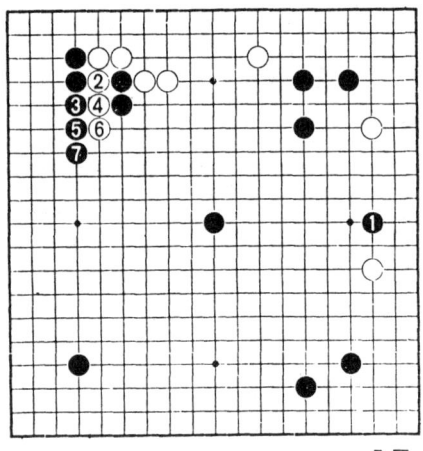

5 도

5 도(제 4 선의 집) 전도의 흑3에는 우변 흑1의 침입이 있다.

백2로 나가는 것은 4선의 집이 있다.

바둑의 상식적인 수법이다.

21. 부딪힘

1도(다음의 수는?) 4점 바둑이다. 백1의 날일 자로 좌하의 흑을 공격하고 있다. 큰곳이긴 하나 좁은 의미가 있는 곳이다. 공격과 수비로 4점 바둑에 대항하고 있다.

흑은 돌의 효력을 생각하여야 한다. 다음의 한 수가 관건이다. 어느곳이 급하고 좋은 곳인가?

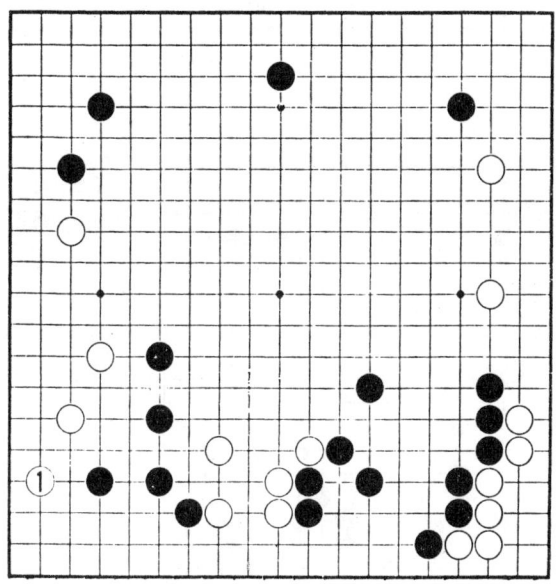

1도

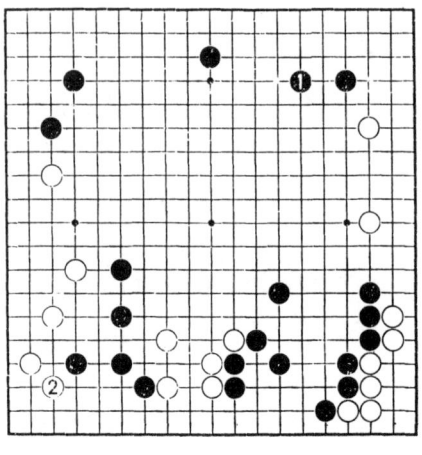

2 도

2 도 (좌상의 지킴) 혹 1 로 우상귀를 지키는 다음의 한 수이다.

좌하의 혹은 중앙을 향하게 있어 강하다.

백 2 로 근거를 빼앗는 것은 현재로선 끝내기에 지나지 않는다.

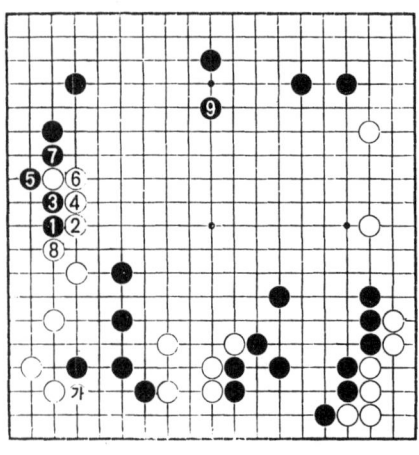

3 도

3 도 (큰 차이) 전도의 다음, 혹 1 의 침입에서 백 2 에서 8 까지 지키는 수이다.

혹은 좌변의 집이 크다.

좌하 혹은 ㉮ 로 사는 수가 있다.

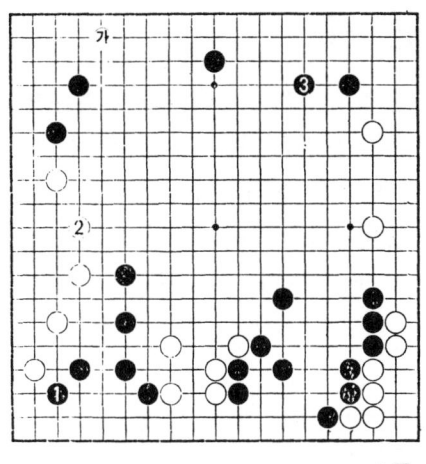

4 도

4 도(수순) 실전에서는 흑 1 의 수비였다.

백도 좌변을 2 로 지켰다.

흑은 3 의 곳에 둘 수가 있었다. 흑 3 다음 상변을 백이 ㉮ 의 곳에 침입하는 수가 남는다.

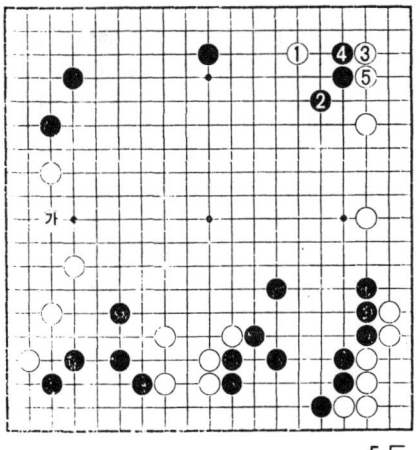

5 도

5 도(백이 위험) 백이 좌변을 지키지 않고 우상 백 1 로 걸치게 되면 위험하다.

흑 2 에서 5 까지 봉쇄한 다음 ㉮ 의 곳이 남는다.

22. 씌우는 수

1도(다음의 한 수는?) 흑의 차례이다. 우하는 백의 이상적인 모양이다. 우변은 흑의 세력권이다. 백한점이 고립이 되어 있음을 유의하여야 한다.

다음 흑의 수가 문제이다. 좌하와 좌변의 큰곳, 상변, 우변, 가고 싶은 곳이 많다. 다음의 한 수는 어디일까?

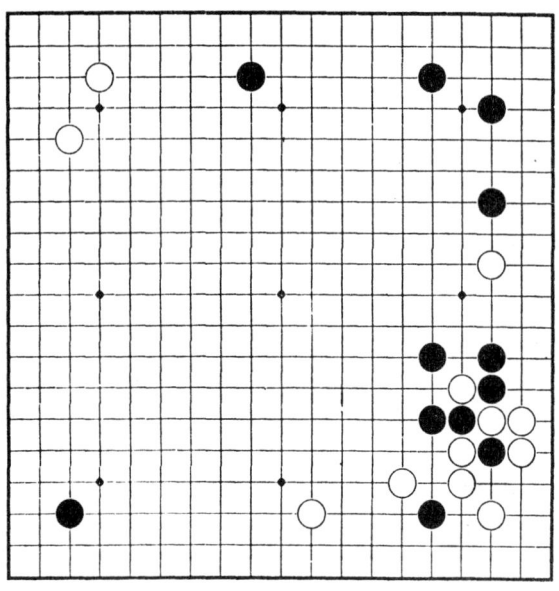

1도

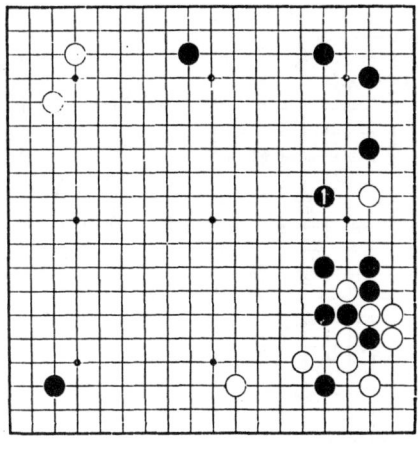

2 도

2 도 (좌변의 대모양) 흑의 다음의 한수는 우변 흑1의 모자이다.

백 한점은 쉽게 빠져나갈 수가 없다.

우하의 두터운 맛을 이용한다.

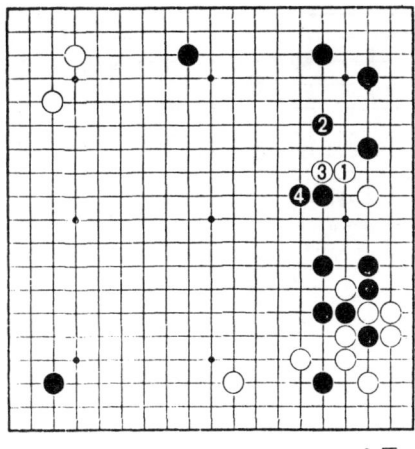

3 도

3 도 (상변에 모양을) 전도의 다음, 백1로 나가는 것은 흑2의 날일자 다음에 4로 굳은 모양 짓는다.

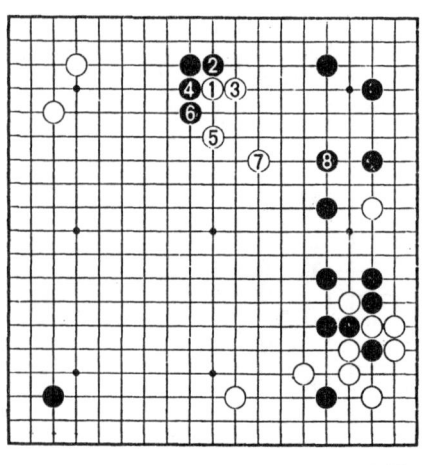

4 도

4 도 (확정지)
실전에서는 백 1
로 상변을 삭감
하였다.

흑은 **2**, **4** 로
받아 **8** 까지 모
양을 정비하였다.
확정지이다.

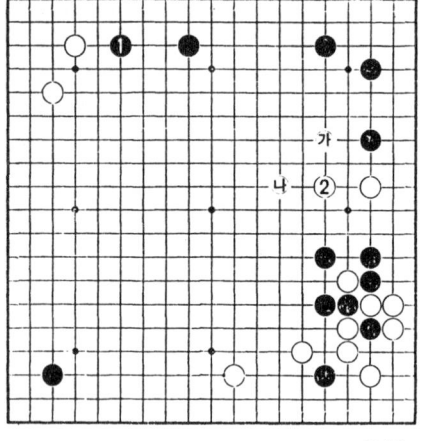

5 도

5 도 (주객전도)
흑이 우변을 손
빼고 상변의 큰
곳을 두면 백 **2**
로 나간다.

다음에 흑 ㉮
는 ㉯로 나간다.
이것은 주객이
전도된 느낌이다.

23. 조화있는 수

1도(다음의 수는?) 3점 바둑이다.

흑에 의문의 수. 완착의 수가 있었지만 어쨋거나 모양은 두텁다.

백1로 좌변에 뛰어들었다. 흑㉠로 벌리면 큰 모양이 되기 때문에 오직 이 한수이다. 좌변은 흑의 세력권이다. 조화있는 흑의 착수가 문제이다. 흑의 다음의 한수는 어디일까?

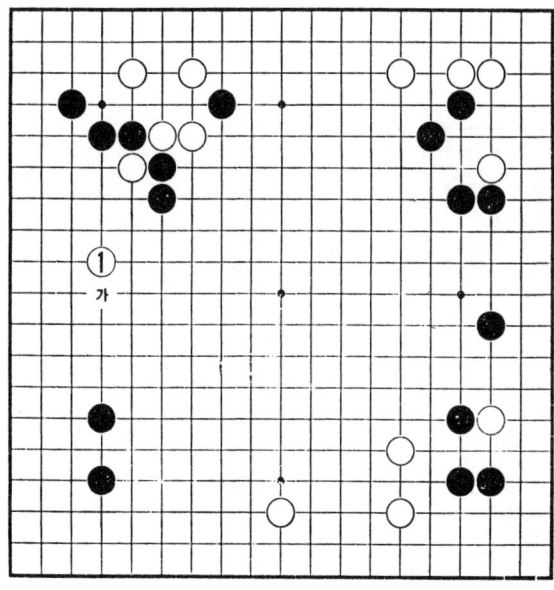

1
도

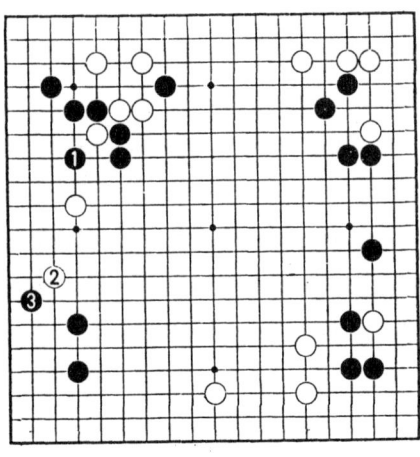

2 도(장문) 흑
의 다음의 한수
는 백 1의 장문
이다.

백 한점을 잡
는 것이다. 백 2
에는 3의 날일
자로 백의 근거
를 빼앗으며 공
격한다. 백의 고
전이다.

2 도

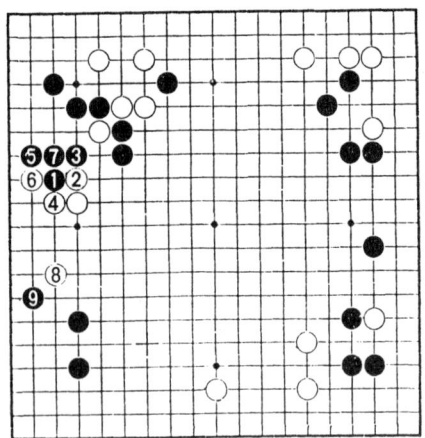

3 도(백이 견
고함) 이것은 실
전이다.

흑 1로 다가서,
이후 9까지 진
행이 되었다.

흑 9까지 된 모
양은 전도와는
차이가 크다.

3 도

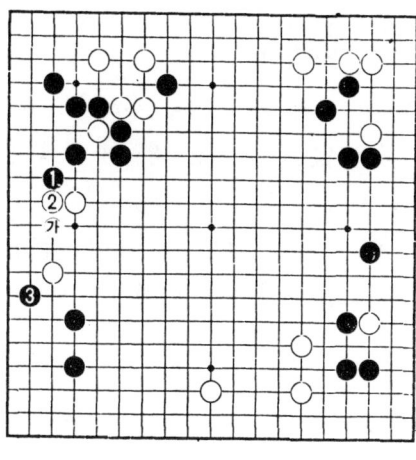

4 도 (악수의 교환) 전도의 모양과 2 도의 모양은 차이가 크다.

2 도의 다음 흑이 1 의 곳 마늘모를 먼저 두게 되면 백 2 가 좋은 점이다.

㉮의 공격이 없어져 백이 좋다.

4 도

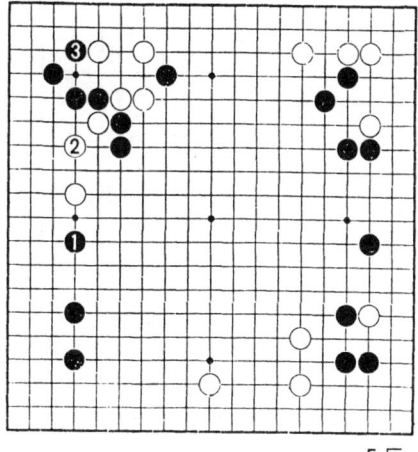

5 도(흑 분열) 흑 1 로 다가서는 것은 백이 2 의 마늘모로 받아서 흑이 분리된다.

흑이 괴로운 모양이다.

5 도

24. 대세의 전제

1도(다음의 수는?) 흑의 차례이다. 우하의 흑과,
좌변의 백은 서로 굳어 있는 곳이다. 좌상에는 흑의
세력이 촛점이 되고 있다.

상변, 좌변, 좌하에 큰곳이 있다. 어느곳이 큰곳
일까? 그러나 그 보다 앞서 대세의 전제가 있다. 어
느 곳일까?

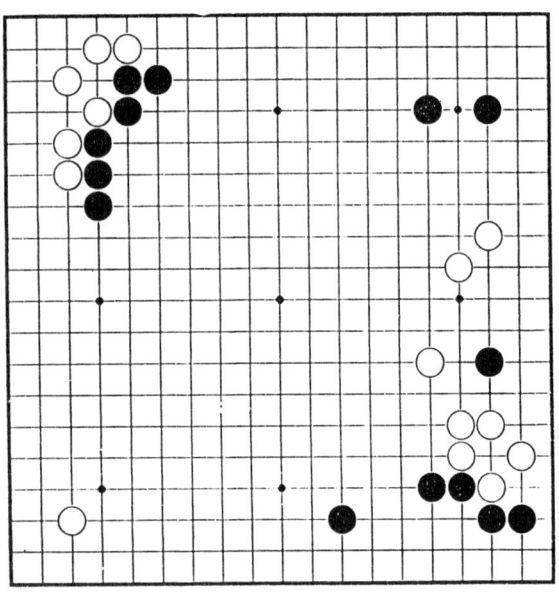

1도

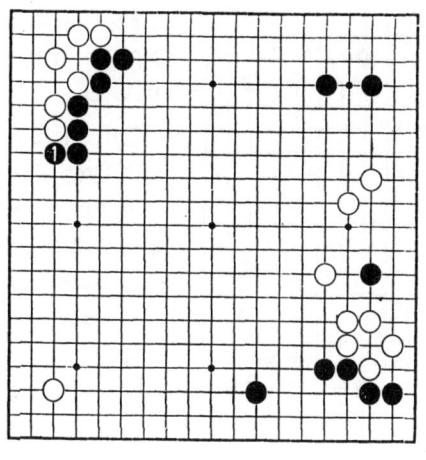

2도

2도(내림) 흑 1이 다음의 한 수이다.

좌상귀의 백의 발전을 막는 흑 1의 내려섬이 흑의 세력을 강하게 하고 백을 제한하는 좋은 곳이다.

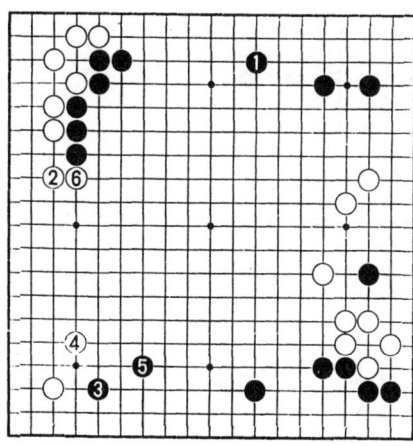

3도

3도(역순) 흑 1로 상변에 큰 모양을 구축하면 백은 좌변에 큰 모양이 형성된다.

백 6까지 좋은 결과이다.

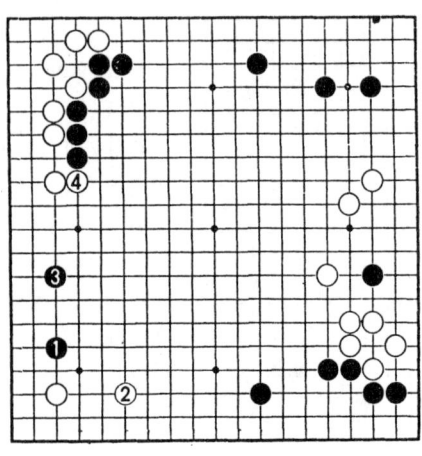

4도 (백 4가 좋은점) 전도의 변화이다.

흑이 1, 3으로 좌변에 근거를 마련하면 백 **4**의 올라섬이 좋은 곳이다.

흑모양이 엷어져 용이하지가않다.

4 도

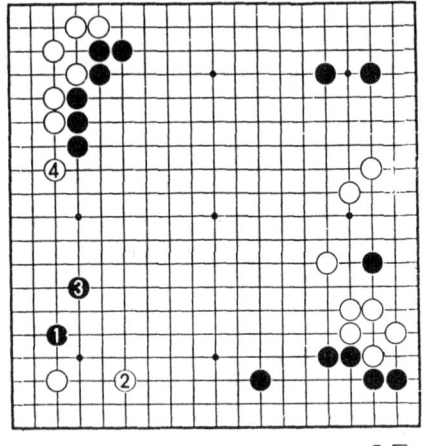

5도(수순) 흑 1, 3으로 좌변을 먼저 두는 것은 백 **4**가 있어 흑이 나쁘다.

전도와 별반 변화의 여지가 없다.

5 도

25. 형세판단

1도(다음의 수는?) 3점 바둑이다. 백1의 걸침에 대하여 생각해 보자.

우변의 백이 약하다. 그래서 이런 모양에서 형세판단할 여지가 있다. 승부에 영향을 미치기 때문이다. 공격인가 수비인가 우상의 흑과 상변의 백을 염두에 두어야 한다.

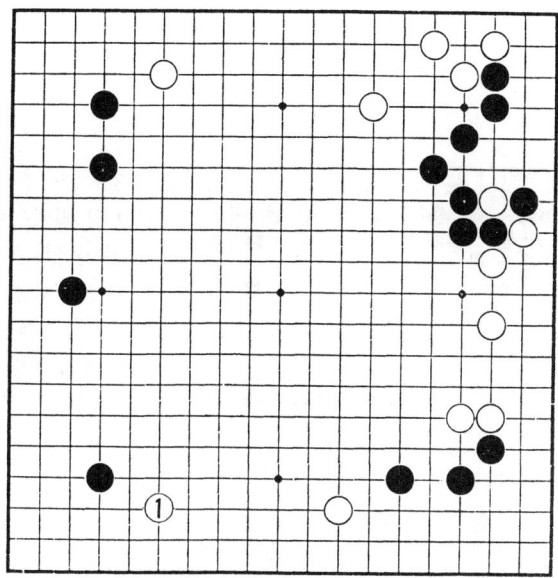

1도

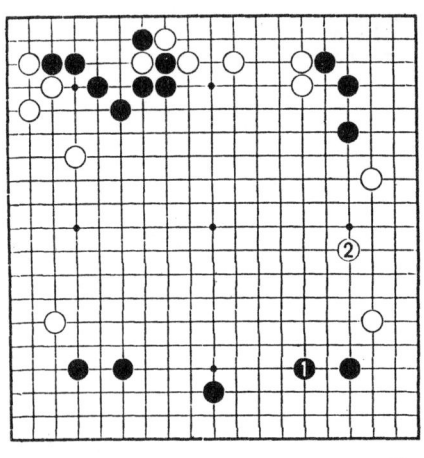

2 도 (받음이 정착) 다음의 수는 흑1의 한칸이다.

백2로 받지 않을 수가 없다.

2 도

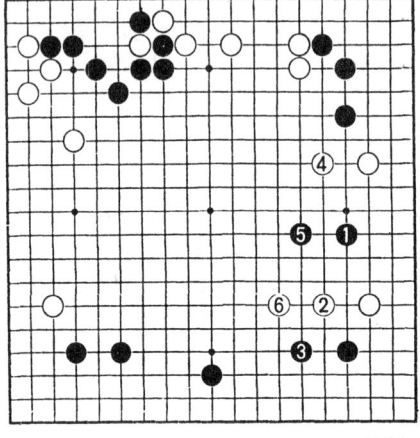

3 도(흑 혼란) 흑1의 침입을 하는 수가 있다.

이것은 백 2, 4로 뛰어 나와서 흑이 5로 뛰면 대 혼란이다.

백6 다음—·

3 도

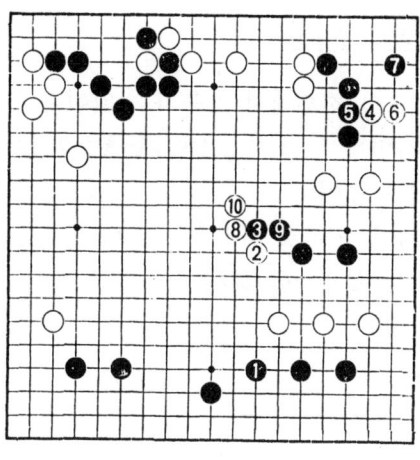

4 도

4 도 (흑 고전)

흑 1 로 하변을 지키면 백 2 의 모자가 준비되어 있다.

우변의 백은 4, 6 으로 우상귀에서 이익을 취하고 나중에 백 8, 10 으로 강공을 한다.

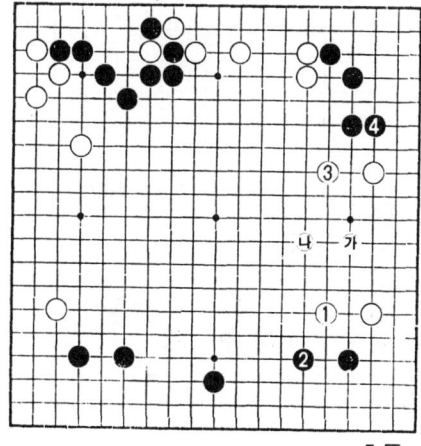

5 도

5 도 (우변은 강한 돌) 이것은 가정의 도이다.

우변의 백은 1 의 한칸, 3 의 한칸으로 강한 돌이 된다.

흑 ㉮ 는 백 ㉯ 로 고전이다.

26. 다음은 금물

1도(다음의 수는?) 하변에서 전투가 일어나고 있다. 백 1, 3은 하변에서 사는 모양이다. 흑 2의 꼬부림은 백 ㉮를 막는 수이다.

우측에 백이 강하여 흑 4로 하변을 지킨다. 이 다음의 수가 문제이다. 쉽게 생각해서는 안된다.

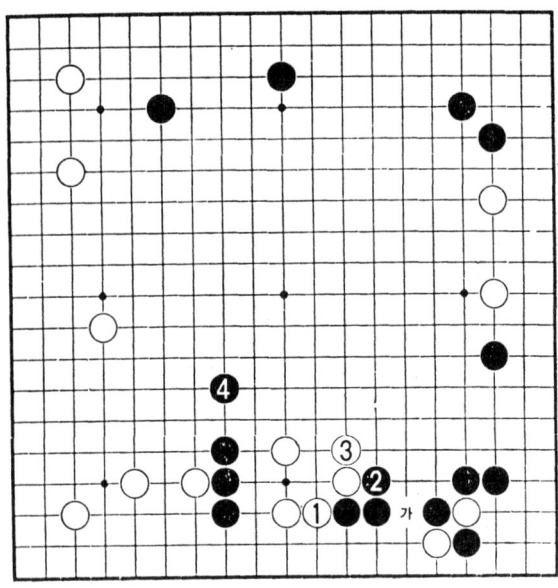

1도

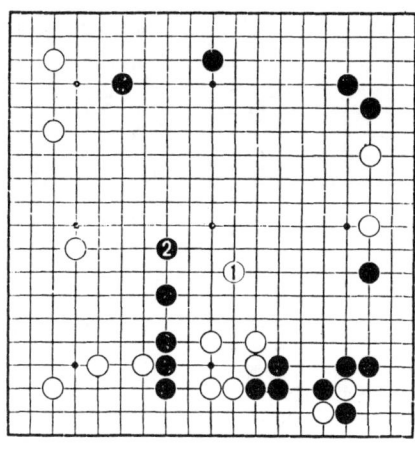

2 도

2 도 (눈목자)
다음의 한 수는
백 1 의 눈목자이
다. 하변의 백을
견고하게 하여
우변의 엷은 백
을 돕는 지킴은
당연하다.

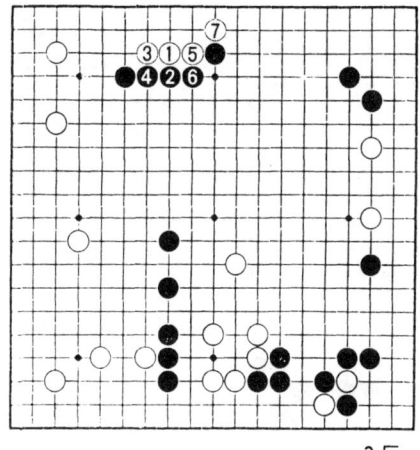

3 도

3 도 (침입) 전
도의 다음 백 1
의 침입이 크다.
흑 2 의 붙임에
는 백 3 이하 7
까지 상변을 파
괴한다.
흑의 두터움이
상변에 영향이
없다.

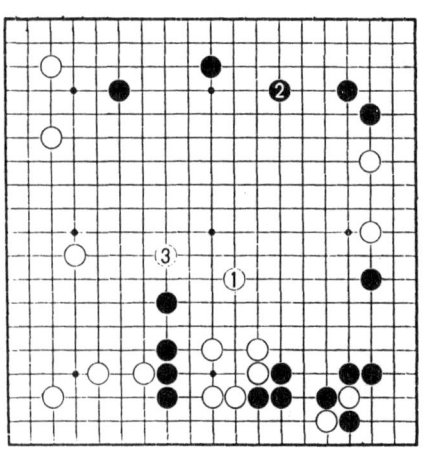

4 도(공격) 백 1의 비마에 상변을 흑 2로 지키면 백 3의 공격이 날카롭다. 흑이 살게 되더라도 좌변의 백집이 굳어진다.

단연 백의 우세이다.

4 도

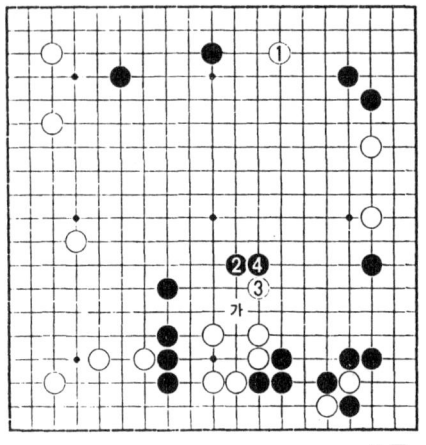

5 도 (공방의 급소) 하변을 손 빼고 1의 곳의 큰곳에 가면 흑 2가 공방의 천왕산이다.

백 3은 ㉮를 방지하는 수. 백이 고통스럽다.

5 도

제4장

모양과 중앙의 급한 곳

　　바둑의 골격은 많이 나타난다.　귀에
서 변으로, 변에서 중앙으로 이다.

　　그러나 때에 따라 가끔은 귀를　비어
놓는 것도 보통이다.

　　모양은 귀에서 근거를, 또 두텁게 하
여 확정지를 만드는 것이다.

　　두터움을 만드는 것은 중앙의　포인트
가 된다.

　　이 장에서는 특수한 모양을　나타내어
여러가지를 응용할 수 있게 중앙의 포인
트를 집대성하였다.

1. 짓는 바둑의 길

1도(다음의 수는?) 상변전투에서 모양이 발발하였다. 백1의 마늘모, 이수는 혹의 공격을 완화하고 있다.

3점 바둑에서 혹이 유리한 바둑이다.

백을 여하히 공격할까? 다음의 한 수가 문제이다.

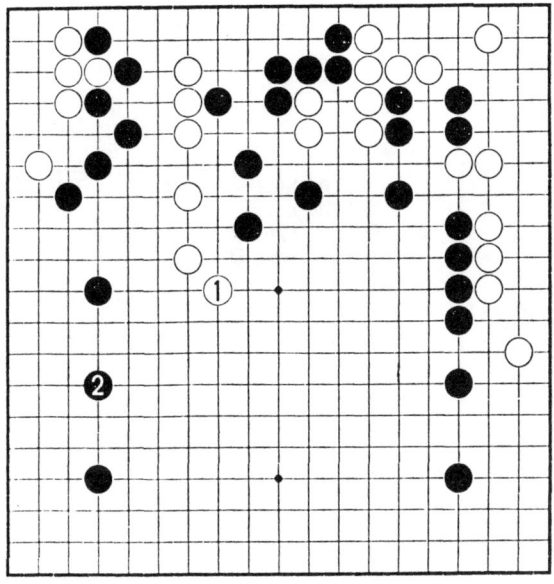

1도

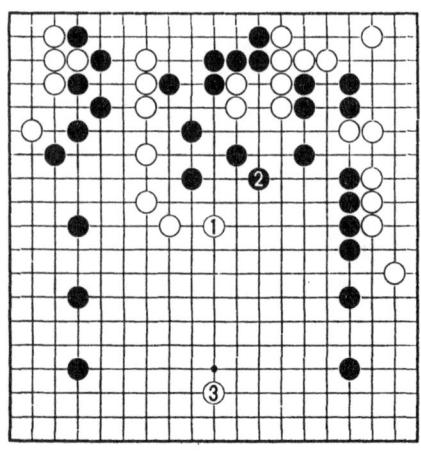

2 도

2 도(한칸) 백 1의 한칸이 다음의 한 수이다.

상변의 백을 지키는 동시에 중앙의 흑모양을 삭감하는 수이다.

흑 2 를 기다려 하변의 큰 곳에 간다.

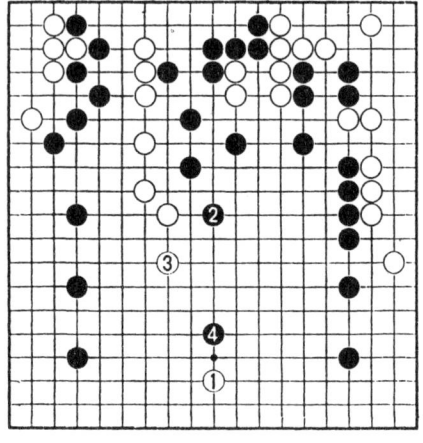

3 도

3 도(급전) 백 1로 하변의 큰 곳에 먼저 가는 것은 흑 2 가 급소이다.

상변의 백이 약하여 흑 4 까지 상하가 서로 공격을 받는다.

2. 두터움

1도(다음의 한 수는?) 백의 차례이다.

좌상에 흑의 두터움이 있다. 상변인가, 좌변인가 흑이 둘 수 있는 큰곳은 많다. 백은 흑모양이 커지는 것을 사전에 막아야 한다.

상변과 좌변의 큰곳을 생각해 보아야 한다.

다음의 한 수는 어느 곳일까?

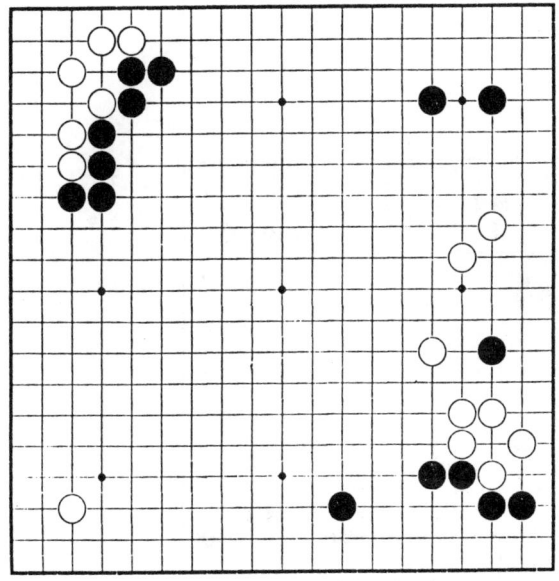

1도

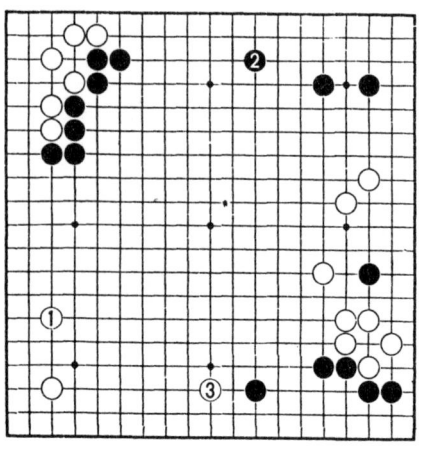

2 도 (좌변이
크다) 백 1 로 2
칸 벌림이 다음
의 한 수이다.

상변은 흑 2 의
지킴이 포인트이
다. 그러면 백 3
으로 좌하를 넓
게 벌린다.

2 도

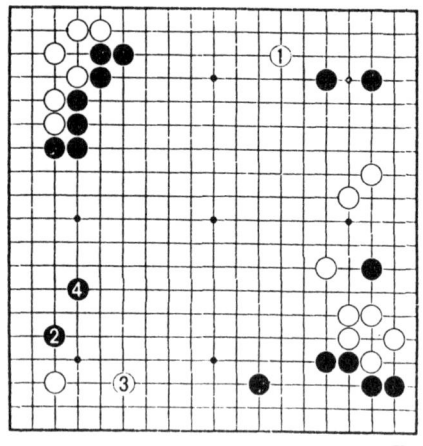

3 도 (좌변의
흑모양) 우상은
백 1 의 걸침인데
이곳도 호점이다.

흑은 2, 4 로
좌변에 흑모양을
키운다.

전도보다 백이
나쁘다.

3 도

3. 백의 뜬돌

1도(다음의 수는?) 상변의 백이 들떠 있다.

흑은 공격을 보류하고 우하를 1로 협공하였다.

이 모양에서는 중앙에 나감을 생각해 보아야 한다.

흑1로 상변의 공격은 돌을 잡을 수 없다. 좌상의 흑이 약하기 때문이다. 우선 큰곳을 선정하자는 것이 흑의 의도!

자, 백의 다음의 한 수는?

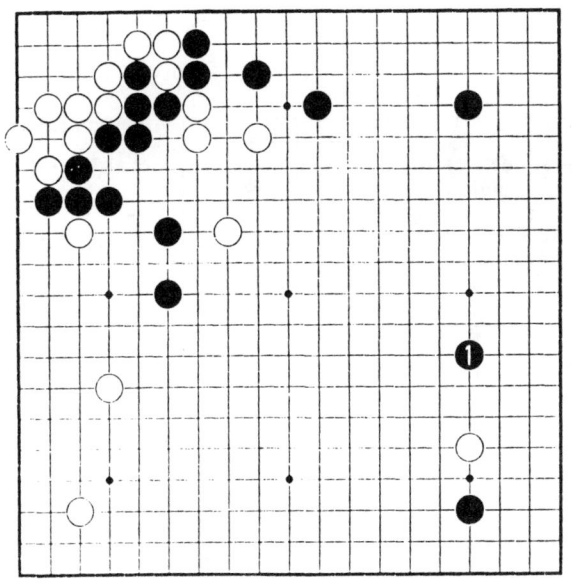

1도

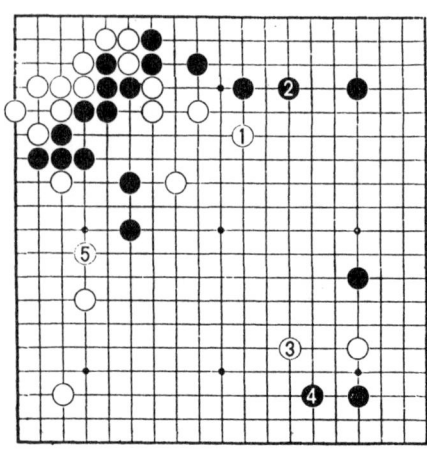

2 도

2 도 (날일자)
백 1 의 날일자가
다음의 한 수이
이다. 흑 2 로 받
지 않을 수 없을
때 백 3 으로 가
볍게 뛰어 나온
다.
백 5 는 큰곳이
다.

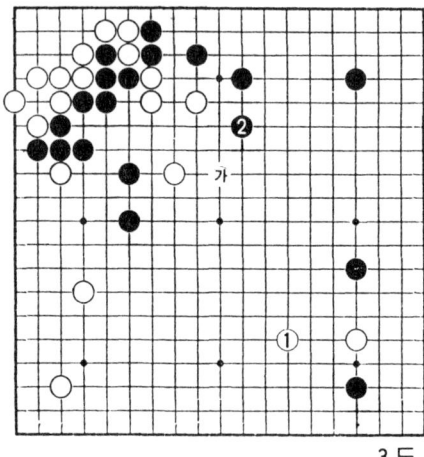

3 도

3 도 (수순착오)
우하를 먼저 두
는 것은 흑 2 의
한칸이 호점이다.
다음에 ㉮ 의
공격이 엄하다.
수순착오로 상황
이 급박하다.

4. 하변을 두는 방법

1도(다음의 한 수는?) 좌상의 백1에서 5까지 고목의 기본정석이다. 4귀가 종결이 지어진 모양이다.

이 모양에서는 상변과, 하변에 2집이 없음을 유의해야 한다.

자, 하변을 두느냐, 집을 확보하느냐가 문제이다.

다음의 한 수는?

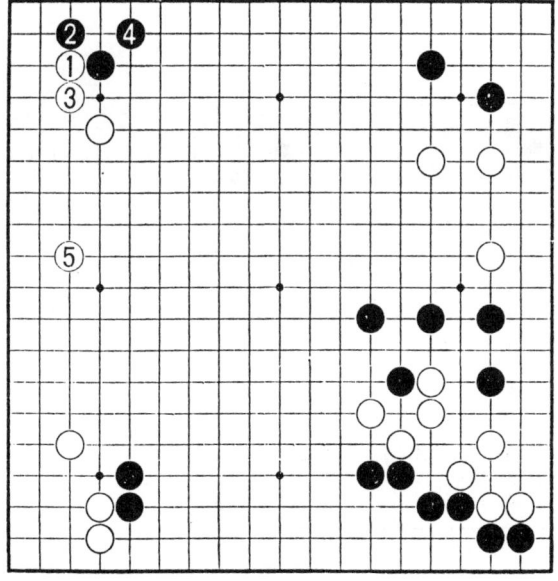

1도

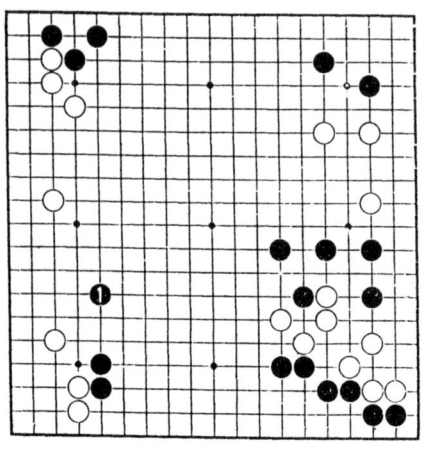

2 도

2 도(일석이조)
흑의 다음의 한
수는 흑 1 의 2
칸이다.

좌변의 백모양
이 커짐을 방지
하고 하변의 흑
세를 키우는 절
호점이다.

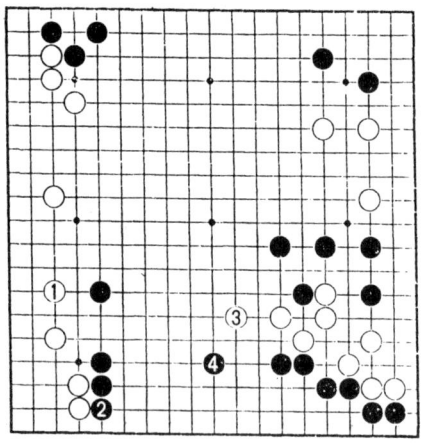

3 도

3 도(큰 확정
지) 전도의 다음
백 1 로 좌변을
받음은 흑 2 의
내려섬이 크다.

백은 우하귀가
약하여 3, 그러
면 흑 4 의 수비
가 안성맞춤이다.

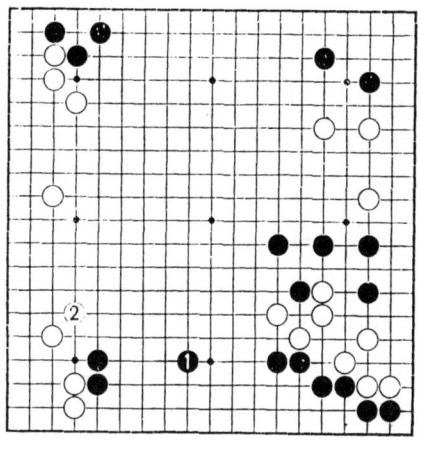

4 도

4 도(집이 작다) 흑 1의 벌림은 정석이긴 하지만 두는 방법이 다르다.

그것은 백 2가 호점이기 때문이다.

백 2의 마늘모가 좌변을 키우는 절호점이 된다.

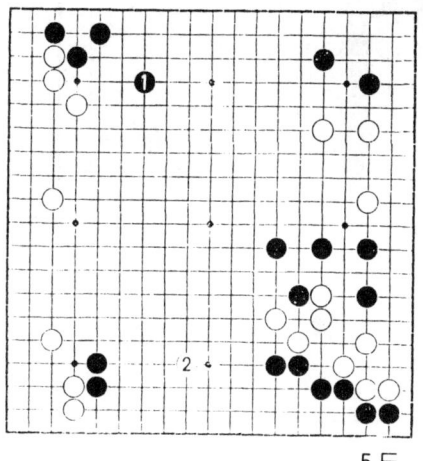

5 도

5 도(백의 선제공격) 상변의 흑 1로 호점이다.

그러나 현재는 급하지 않다.

백 2의 선제공격을 당하여 흑 2점의 처치가 곤란해진다.

5. 큰 곳

1도(다음의 한 수는?) 흑1의 차례이다.

3귀를 취한 백에 대항하는 수가 필요하다.

우선 우하의 흑모양을 키울 필요가 있다. 백은 상변에서 중앙으로 진출을 하고 있다.

흑의 집이 커질 수 있는게 지금의 싯점이다.

다음의 한수를 생각하여 보자.

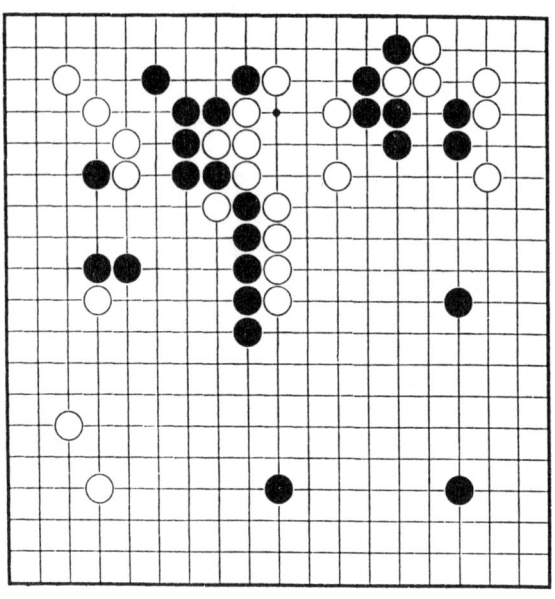

1도

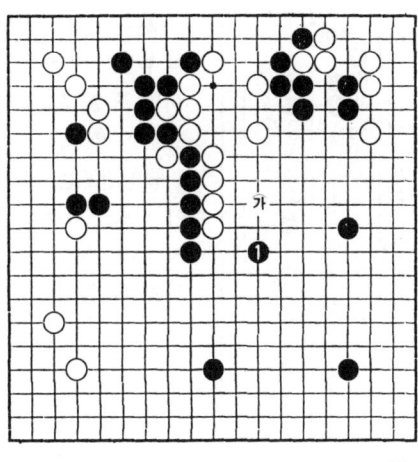

2 도

2 도 (하변을 키움) 흑의 다음의 한수는 1의 곳이다.

이곳에서 상변의 백이 하변으로 진출하는 것을 막는다.

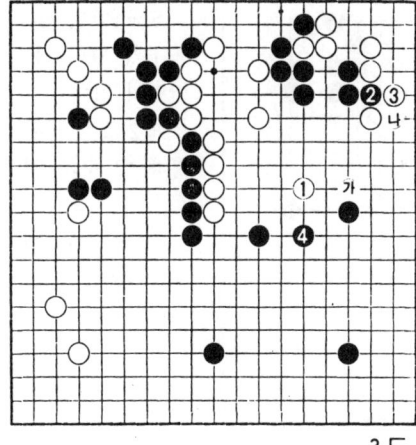

3 도

3 도 (큰곳) 전도의 다음, 백 1로 상변을 지키게 되면 흑 2로 나가서 3의 응수시킨 다음에 4의 한칸으로 둔다. 이것이 수순이다.

백 ㉮의 붙임에는 흑 ㉯로 끊는다.

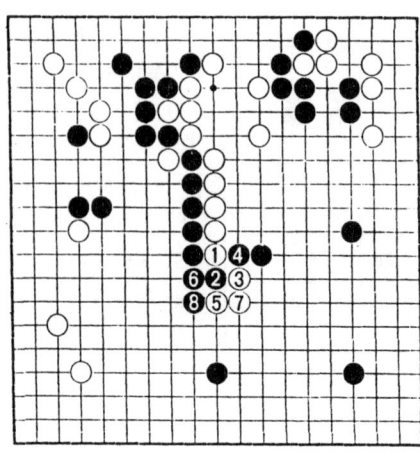

4 도

4 도 (백무리)
백 1 로 저항을
하면 흑 2, 4 의
끊음이 있다.
중앙전후는 흑
이 환영. 흑 8 까
지 백 3 점이 부
자유스러워진다.

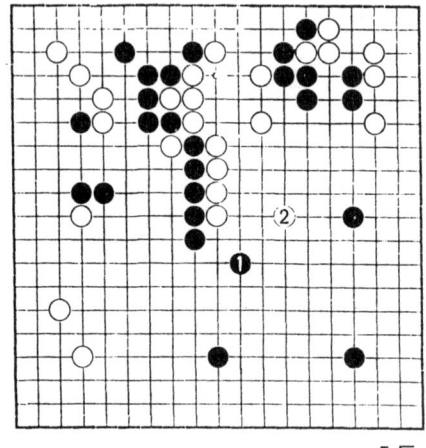

5 도

5 도 (날일자)
흑 1 의 날일자는
박력이 없다.
백 2 로 되어
봉쇄 할 수가 없
다.
중앙이 파괴되
어 흑집이 부족
하다.

6. 현실의 집도 중앙

1도(다음의 수는?) 좌상을 백1로 두어 왔다.

우변과 하변에 큰곳이 남아 있다. 혹 한점을 잡는 것은 완착이다. 백1로는 상변을 지키는 수가 필요하다.

자, 혹의 다음 수를 어디다 둘까가 문제이다. 현실감이 있는 수가 필요하다.

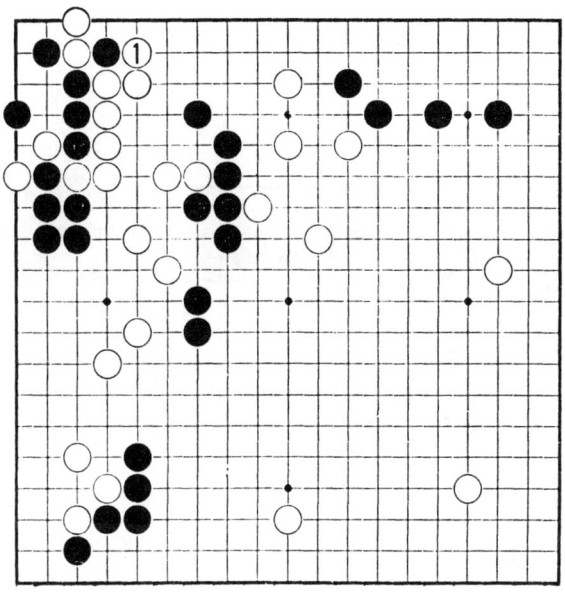

1도

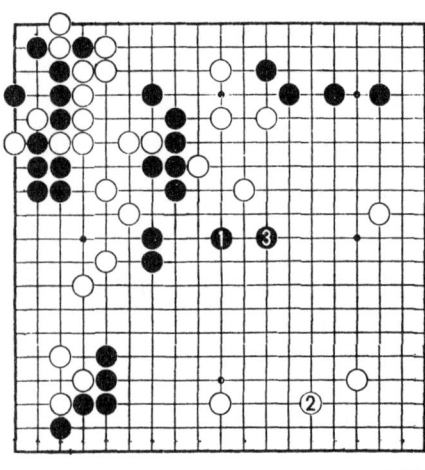

2도

2도 (중앙을 견고하게) 다음 의 한수는 흑 1 의 한칸이다.

백 2 에는 계속 하여 중앙을 두 텁게 한다.

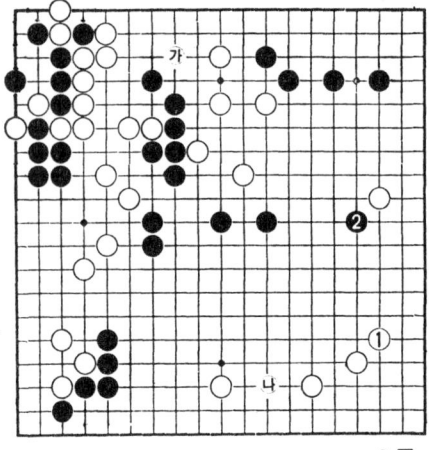

3도

3도 (어깨짚기) 전도의 다음 백 이 집을 견고하 게 하기 위하여 1 로 귀를 수비 하면 흑 2 로 누 른다. 중앙이 강 하여 흑㉮의 공 격이 있다. 또 하 변을 ㉯로 침입 할 수도 있다.

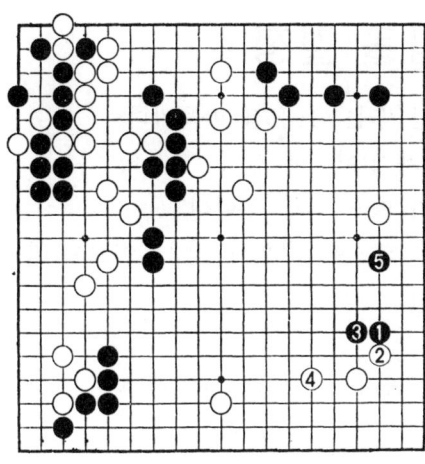

4 도

4 도(혹이 엷다) 혹1의 걸침은 이하 **5** 까지 예상할 수 있다.
　중앙이 엷어 불안스럽다.

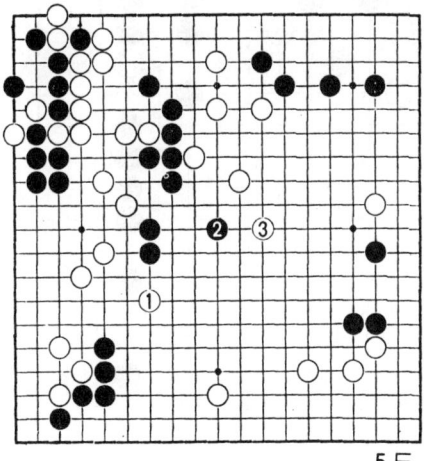

5 도

5 도(백이 즐겁다) 전도의 다음, 백의 즐거움이 있다.
　백1, 3의 공격이다.
　하변의 혹3점을 공격하여 확정지가 생길 공산이 크다.

7. 모양을 결정

1도(다음의 한 수는?) 3점 바둑이다.

상변에서 전투가 일어나고 있다. 전투의 가장 요점은 한수 한수가 매우 급한 곳이다.

좌상, 흑1의 마늘모에 백2의 받음, 이로써 귀는 공격할 수는 없다.

문제는 상변이다.

흑 우세를 확립하려면 어떻게 두어야 할까?

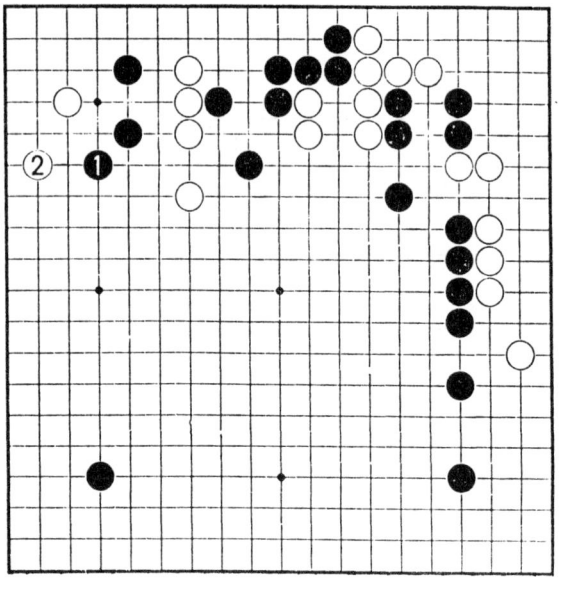

1도

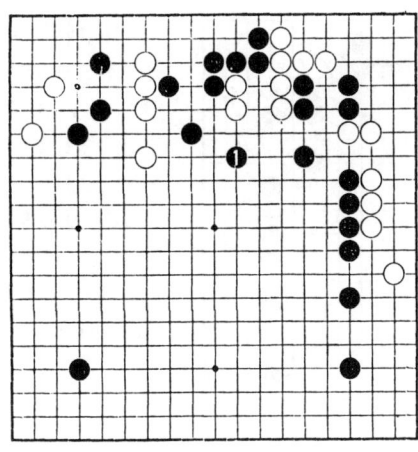

2 도

2도(봉쇄) 흑
1의 봉쇄가 다
음의 한 수이다.
우상의 백의 중
앙진출을 막고
동시에 상변의
흑모양을 키우는
큰 수이다.

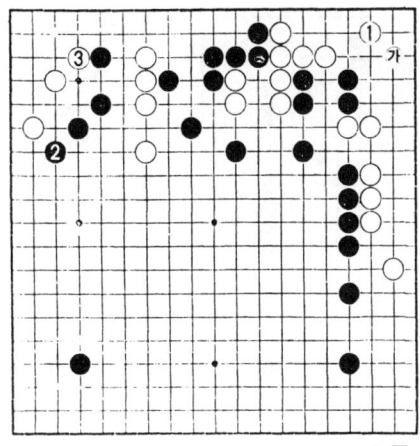

3 도

3도 (좌상도
봉쇄) 전도의 다
음, 백**1**로 우상
귀를 산다.
이 다음 흑㉮
가 남는다. 다음
흑은 **2**로 봉쇄
한다.

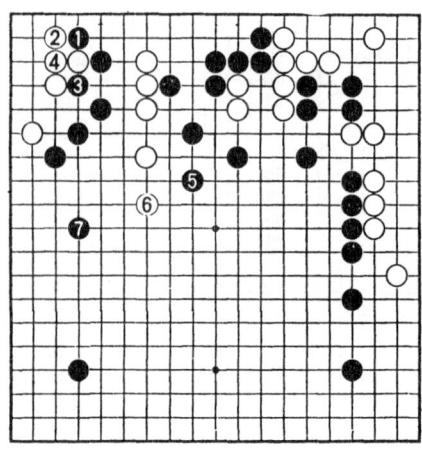

4도(백의 뜬
돌) 전도에 계속
하여 흑1, 3 의
결정, 중앙을 흑
5로 보강한다.

흑은 상변에서
중앙으로 나간다.
흑7까지 흑의
페이스이다.

4 도

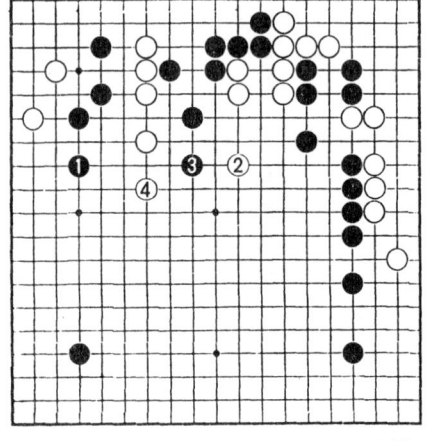

5도(난전) 좌
상을 흑1로 먼
저 두는 것은 백
2로 중앙을 나
간다.

상변의 일단이
약하여 난전이
예상된다.

흑이 환영할 수
없는 도리다.

5 도

8. 남아있는 큰곳?

1도(다음의 한 수는?) 좌상의 백은 혹 2점을 취하여 보강하고 있는 모양이다.

백은 좌변에서 좌상귀에 모양을 만들어 두고 있다. 혹은 우변에서 상변에 세력을 강화하고 있다. 혹 1의 늘음은 엷은 상변의 백을 공격하는 수이다.

백 2로 된 모양에서 혹의 다음의 한 수는?

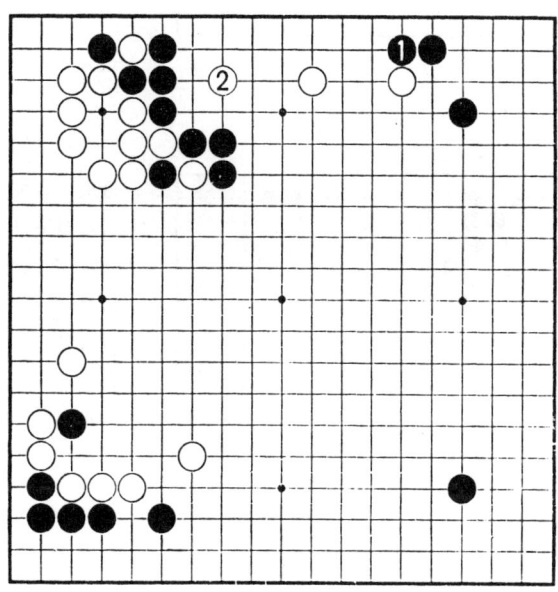

1도

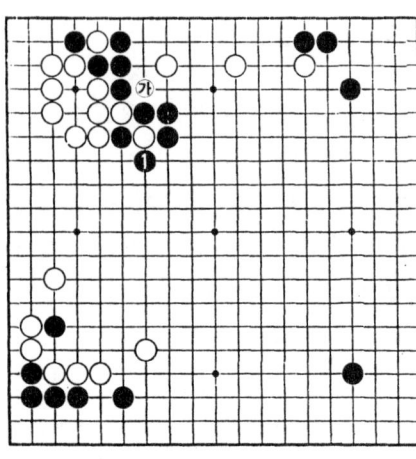

2 도

2도(때려 냄)
흑의 다음의 한 수는 1의 곳의 때려냄이다.

백⑳의 끊음은 불발이 된다. 또한 좌변의 백집을 삭감하는수를 겸하고 있다.

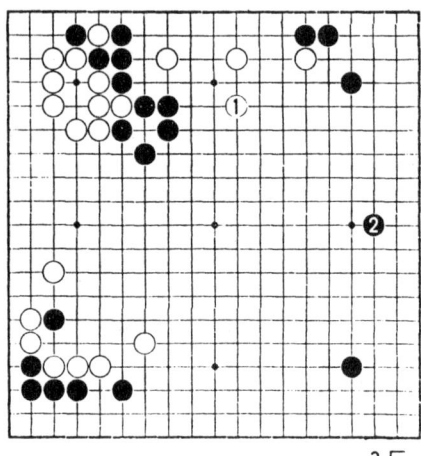

3 도

3도 (큰곳의 선착) 전도의 다음 백은 상변이 약하여 백1의 한칸이다.

흑2로 우변의 큰곳에 선착한다.

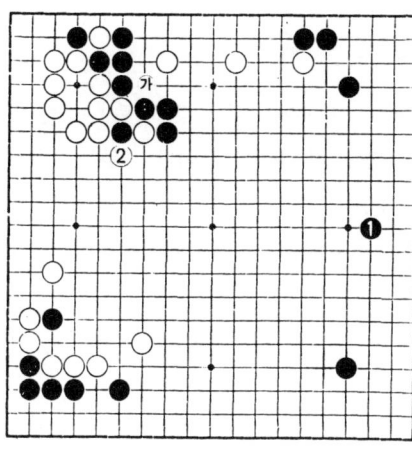

4 도

4 도(흑이 약해진다) 흑 1 로 우변의 큰곳에 두면은 백 2 로 중앙을 때려낸다.

상변의 흑이 약하여 ㉮의 곳 끊는점이 남는다.

상변의 백을 공격할 수 없다.

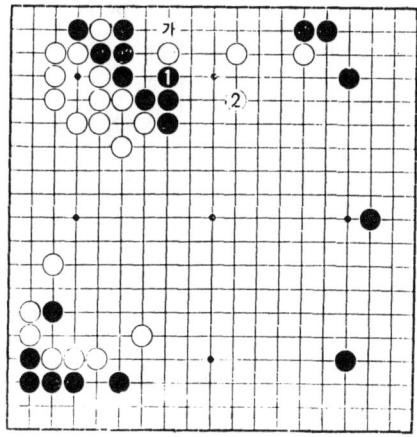

5 도

5 도(직접) 전도의 다음 흑 1 로 상변을 지키면 백 2 로 모양을 정비한다.

좌상의 흑을 ㉮로 내려서 한 집 밖에 생기지가 않는다.

9. 수비에는 수비

1도(다음의 수는?) 하변에 백 1로 벌렸다. 큰곳이다. 백이 하변을 둔다면 흑이 상변을 두는 방법을 생각해 보아야 한다.

그래서 같은 큰곳을 하변과 상변에서 직접 두어야 한다.

받음의 의미가 깊은 급소이다. 물이 흐르는 듯한 유연한 방법은?

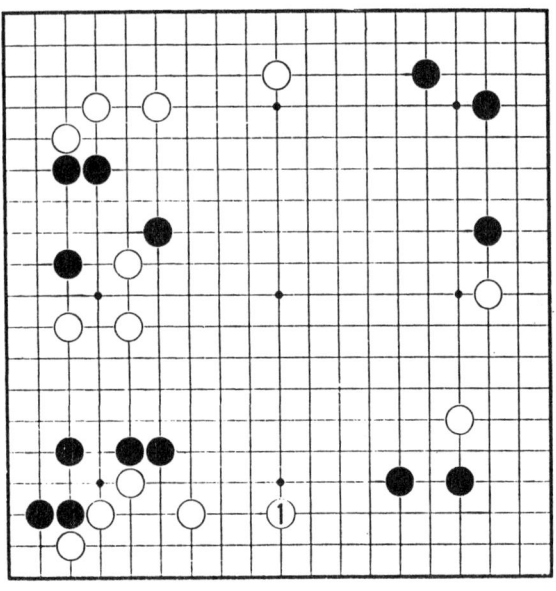

1
도

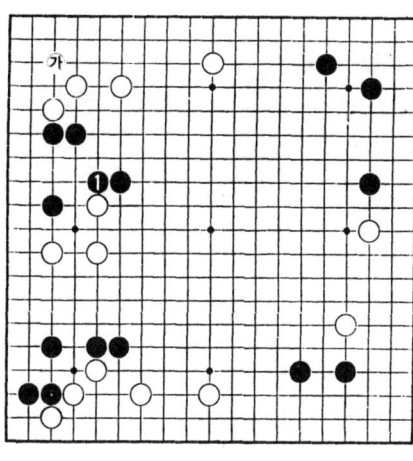

2 도

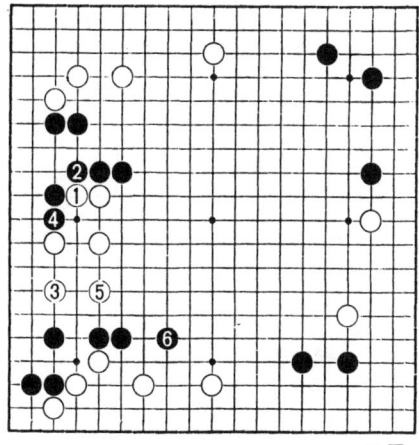

3 도

2 도 (좌변을 견고하게) 흑의 다음의 한 수는 좌변의 수비다.

백 3 점은 공격을 겸한 수이다. 좌상귀의 ㉮ 의 침입이 남는다.

3 도 (전투바둑) 전도의 다음, 백 1, 3 의 수비.

흑 4 는 백의 근거를 빼앗는 수이다.

흑 6 까지 전투 바둑이 된다.

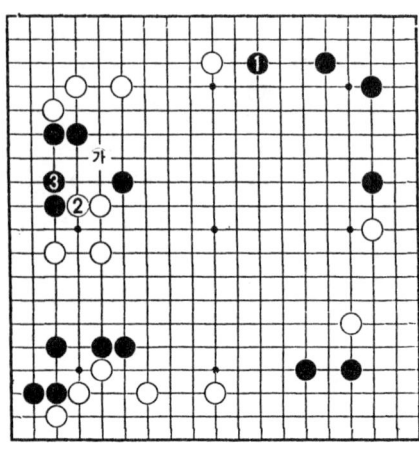

4 도(백이 유
리한 싸움) 백이
하변에 두면 흑
이 상변에 둔다.
둔다면 흑 1 이다.
백 2 가 급소의
일착이다.
흑 3 다음 ㉮
의 약점이 남는
다.

4 도

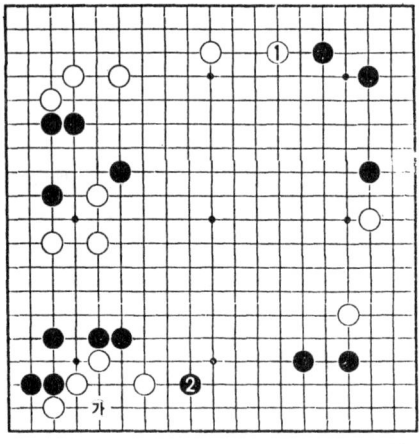

5 도(급한 곳)
백 1 로 상변의 큰
곳을 두면은 흑
2 로 두어 백이
고전이다.
흑 2 는 하변의
흑집을 키우는
수이기도 하다.

5 도

10. 중앙을 생각한다

1도(다음의 수는?) 좌상의 백은 강하다. 상변 백 모양이 좋다. 흑1의 꼬부림은 백집을 삭감하는 포인트이다.

백은 중앙이 크지 않다. 흑의 다음 수는 변과 귀에 큰곳이 있다. 어떻게 두어야 할 지가 관건이다.

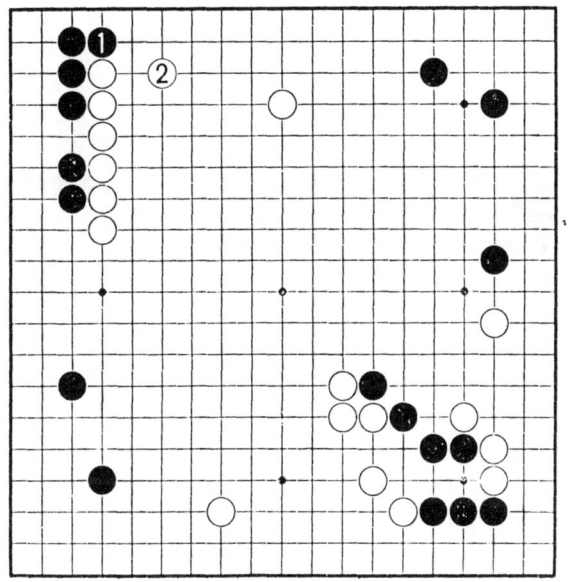

1도

184

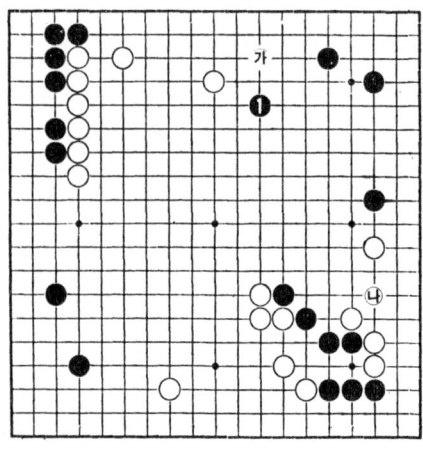

2도

2도 (일석삼조)

흑1이 다음의 한 수이다.

큰 착상이 필요하다.

다음에 ㉮로 상변을 지키는 수와 중앙을 삭감하는 수, ㉯의 침입을 노리는 수를 함께 보고 있다.

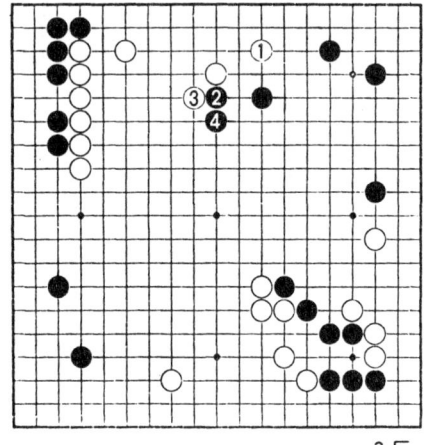

3도

3도 (중앙삭감)

백1로 상변의 집을 빼앗으면 흑2, 4로 중앙 쪽을 키운다.

상변의 백집이 크나, 하변의 백집을 삭감할 수 있어 우위에 선다.

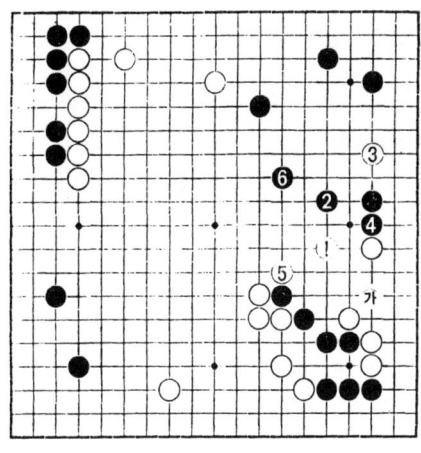

4도 (좌변이 견고) 이것은 실전의 경과이다.

흑㉮의 급소가 남는다.

흑 2 때 백 3 은 응수타진이다.

6 의 큰곳을 포위하여 흑이 우세이다.

4 도

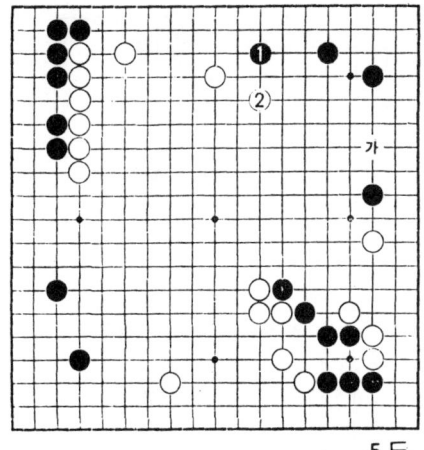

5도(단순) 흑 1 은 큰곳이다. 이것은 백 2 의 날일자로 씌워 우하의 백을 응원한다.

흑 모양이 엷어진다.

5 도

11. 바둑은 삶부터

1도(다음의 수는?) 백1로 하변을 다가서는 수. 혹2로 중앙을 키운다.

백1, 혹2는 큰 곳이다. 상변을 ㉮나 중앙의 ㉯가 요점이다.

바둑은 삶에서 부터이다.

대응하는 수를 생각하여 보자.

자, 다음의 한 수는 어디일까?

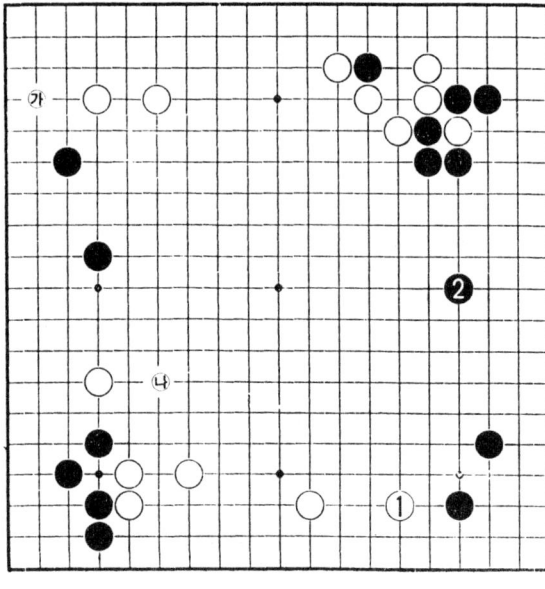

1도

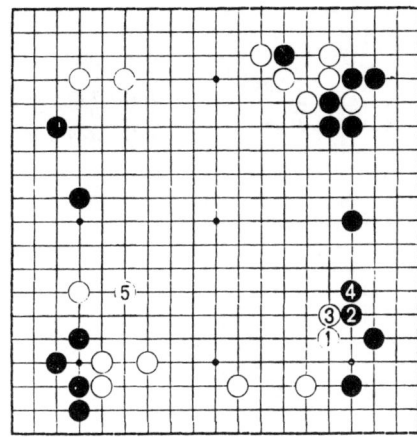

2 도

2 도 (모양의 초점) 백의 다음의 한 수는 1 의 날일자이다.

우변 흑모양이 초점이다. 흑 2, 4 의 받음에는 5 의 곳에 두어 하변의 모양을 키운다.

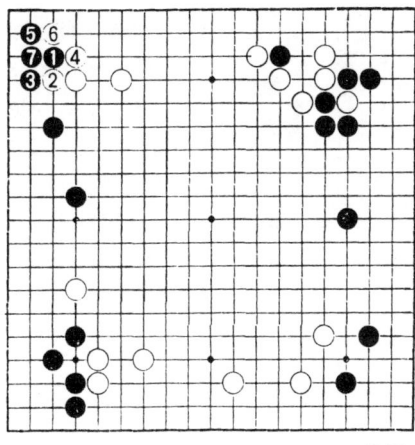

3 도

3 도 (끝내기) 전도의 흑 2 의 변화이다. 흑 1 의 3·3 은 큰 수이지만 지키는 수에 비하여 20집 이상이다.

그러나 현재로선 끝내기의 수에 불과하다.

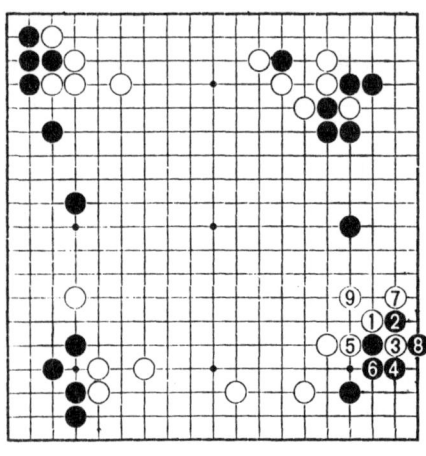

4 도

4 도 (우변을 파괴) 흑이 좌상 귀를 두면 백은 1 의 곳에 붙인 다.

흑 2 의 젖힘에 서 3 의 끊음, 다 음 9 까지 정형 이다.

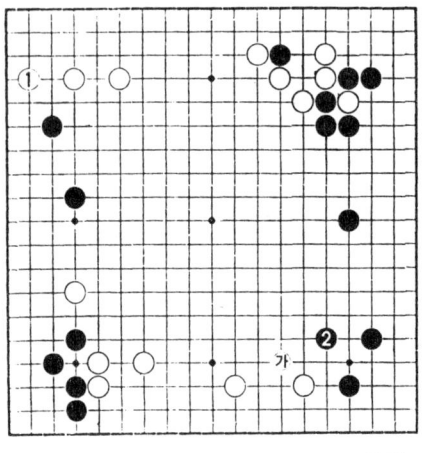

5 도

5 도 (큰모양) 2 도 백 1 로 좌 상을 1 로 지키 는 것은 흑 2 가 큰 모양이다.

우변의 흑 모 양이 커 2 도와 의 차이가 크다.

12. 사석작전

1도(다음의 수는?) 좌하귀에서 백이 수를 구하고 있다.

흑1로 백 전체를 공격하고 있다. 받는 방법을 연구하여 보자.

백은 좌하를 직접 움직이는 것보다, 전국적으로 살펴 볼 필요가 있다.

우변과 좌변의 흑집이 십분 대항을 하고 있다.

다음의 한 수는?

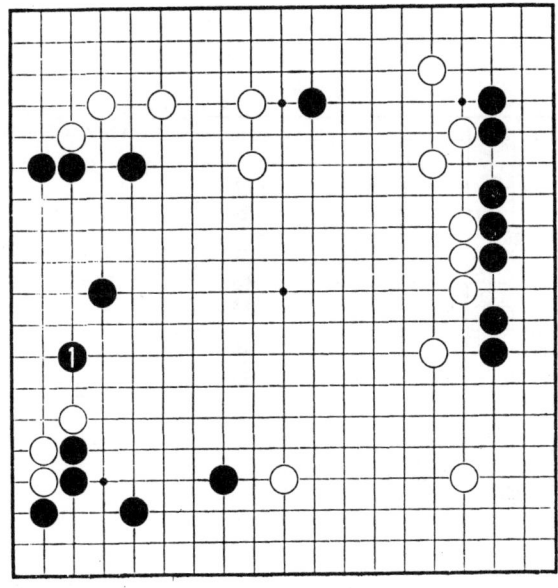

1
도

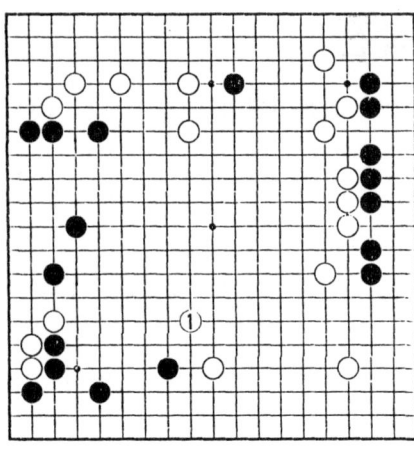

2도(바깥) 백의 다음의 수는 1의 날일자이다.

흑이 좌하의 백을 취하면 상변에서 중앙으로 모양이 완성된다.

2 도

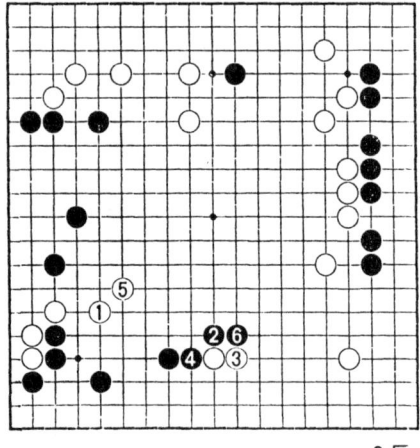

3도(삭감) 백 1은 좌변을 나가는 수이다.

흑2의 붙임에서 이하 6까지—.

흑이 유리한 바둑이다.

3 도

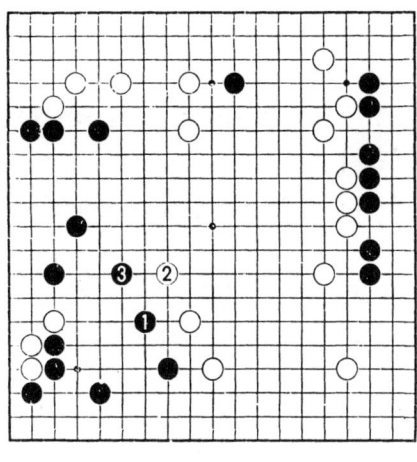

4 도

4 도 (대모양)
2 도의 다음, 흑
1 로 좌하를 지
킴은 호조이다.
　좌하의 백에
맛이 남는다. 백
모양이 크지가
않다.

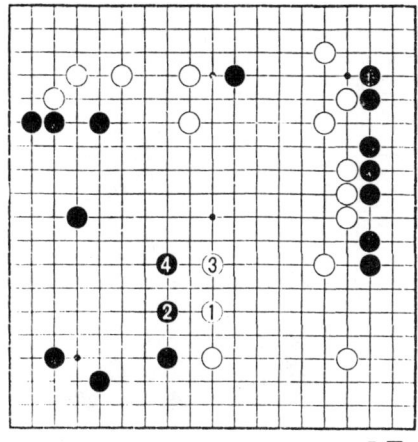

5 도

5 도(흑이 좋
다) 백이 좌하를
1 로 두는 것은,
흑2, 백3 다음
흑4로 큰 모양
이다.
　흑4 까지 좋은
모양이다.

13. 기합

1도(다음의 수는?) 흑1의 이음이 급한 곳이다.
우하의 백모양이 크지 않다.

흑1의 이음은 좌하의 흑의 두터움을 이용한 수이
다.

하변 전투는 이것으로 일단락이다.

좌변에 백2점에 기합을 불러 넣어야 한다.

다음의 한 수는 어느 곳일까?

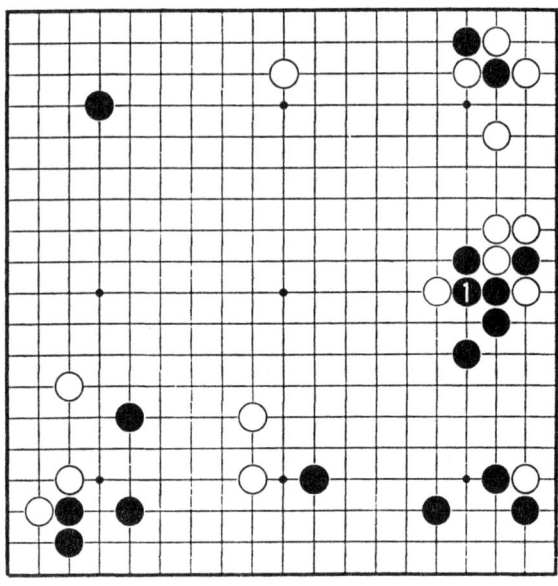

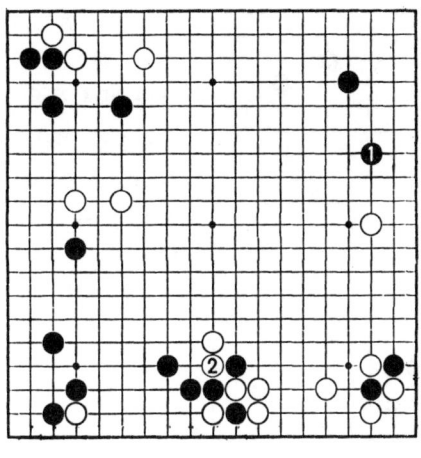

2 도 (백의 모양) 흑이 하변에 급한 곳을 두지 않고 상변의 큰 곳을 두면 백 2 의 끊음이 있다.

이것으로 좌하의 흑집이 엷어진다.

이것은 흑이 좋지 않다.

2 도

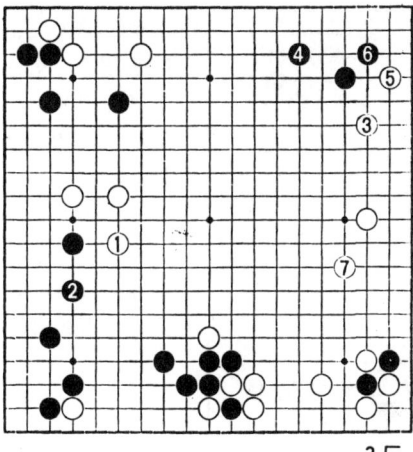

3 도 (모양을 제한) 다음 수는 백 1 의 한칸이다. 흑 2 의 받음으로 좌하의 흑모양을 제한한다. 백 3 에서 7 까지 우변의 큰 곳에 간다.

3 도

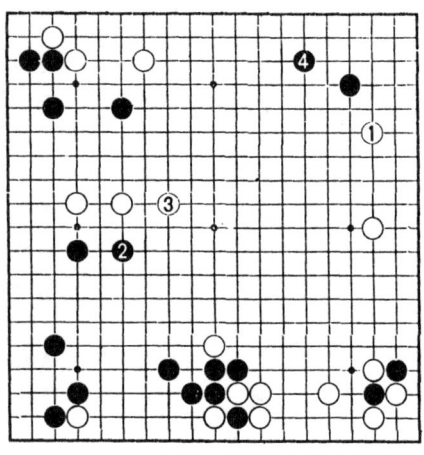

4 도

4 도 (좌하가 큰곳) 백 1 로 우상을 먼저 둔다.

흑 2 의 한칸에는 백 3 으로 받지 않을 수가 없다.

흑 4 까지 — ·

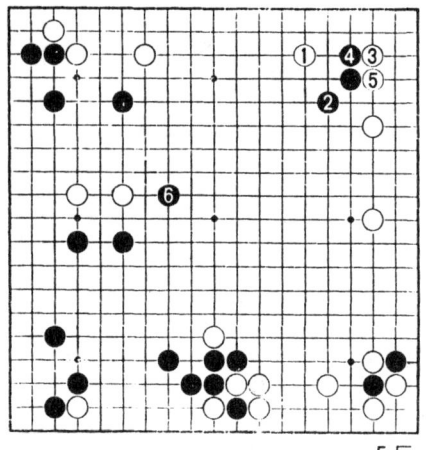

5 도

5 도(흑이 유리한 공격) 전도의 백 3 으로 좌상의 양걸침은 위험하다.

흑 2 에는 5 까지 된 다음 6 의 모자로 공격한다.

백이 불리하다.

14. 공방의 급소

1도(다음의 한 수는?) 백이 둘 차례이다.

우변의 흑집이 황량하여 수가 남아 있는 곳이다.

백이 상변을 손빼면 흑㉠의 침입이 한눈에 들어온다.

흑이 침입하기 전에 받는 방법을 생각하여 보자.

영향력이 있는 공방의 급소는?

다음의 한수는 어느곳일까?

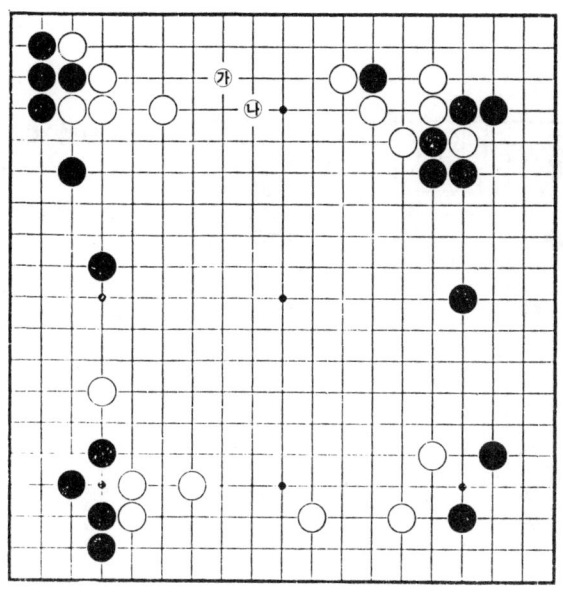

1도

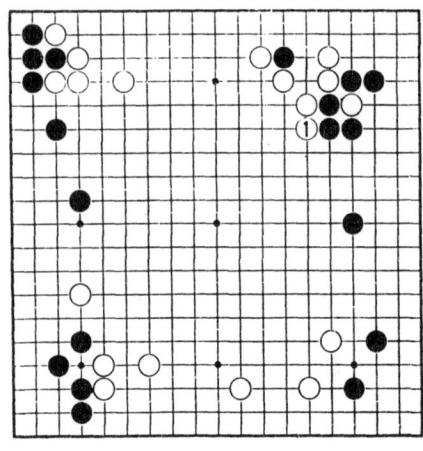

2 도(밀다) 백 1로 올라서는 수가 다음의 한 수이다.

이로써 우상의 백이 강력해진다. 혹의 발전을 제한하는 좋은 수이다.

2 도

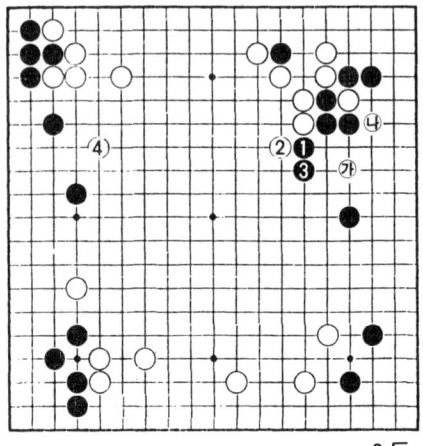

3 도(백 호조) 전 도의 다음, 백 ㉮의 침입하는 수가 있다. 혹 ㉯로 지키지 않을 수 없다.

상변의 백을 견고하게 하는 4 는 확정지이다.

3 도

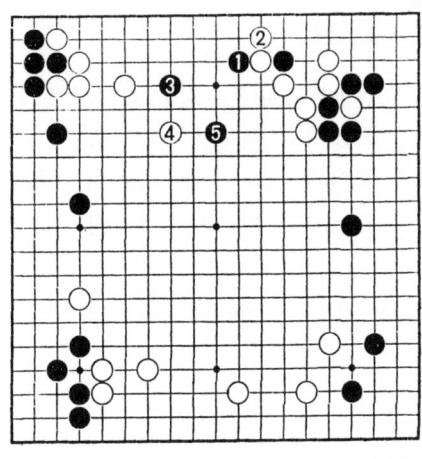

4 도

4 도(백의 작전) 2도의 다음 흑1로 붙여 응수를 묻는다.

흑3에는 백4로 씌워간다.

이것은 백이 환영하는 싸움이다.

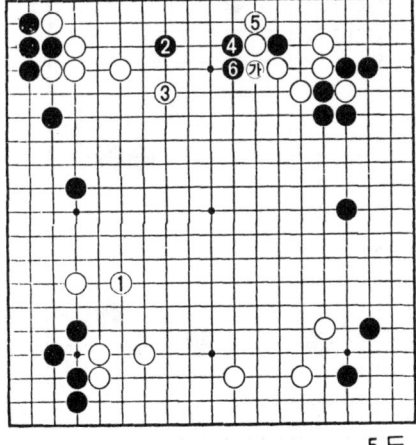

5 도

5 도(침입) 우변의 백이 불안하다. 좌하를 1로 지키는 것은 흑2의 침입에서 6까지 외길이다.

흑㉮의 선수가 있어서 백이 엷은 모양이다.

15. 백의 모양

1도(다음의 한 수는?) 우변은 흑의 세력전이다. 백은 우상귀의 집을 빼앗아 모양을 갖추었다.

또한 백이 우하에 들어가 흑2의 철주일 때 백이 변에서 살지 않을 수가 없다. 그래서 중앙으로 3의 곳에 두었다.

여기에서 흑의 다음 수가 문제이다.

어느 곳을 두어야 할까?

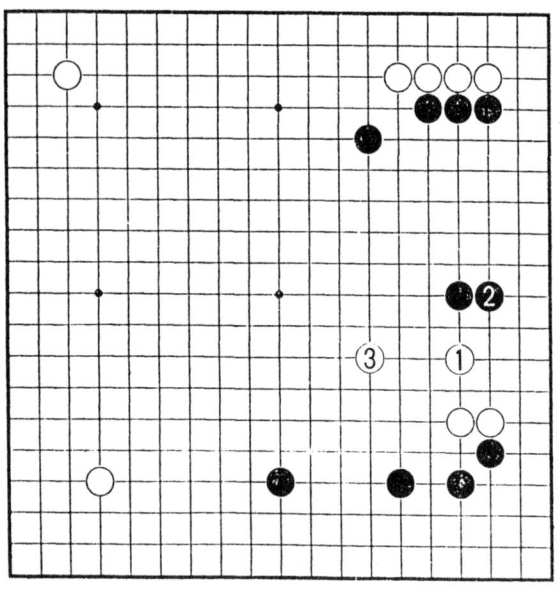

1
도

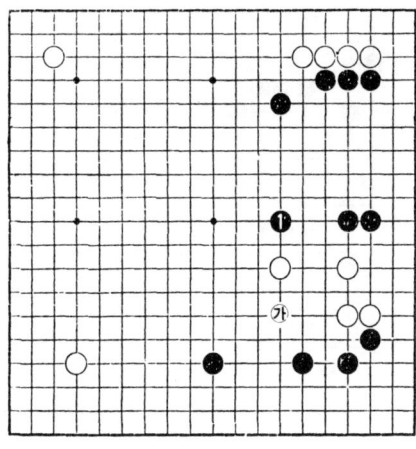

2 도

2도(공격) 흑의 다음 수는 1의 곳의 2칸뜀이다.

우하의 백은 안심할 수가 없다. 우변의 모양이 커 하변이 확정지가 될 가능성이 높다.

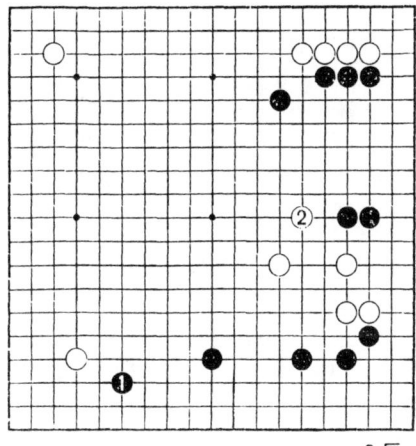

3 도

3도(중앙을 급한 곳) 흑이 중앙의 급한 곳을 두지 않는 예이다.

좌하의 흑1은 큰 곳이다. 그러나 백2로 되어서 흑모양이 오그라든다.

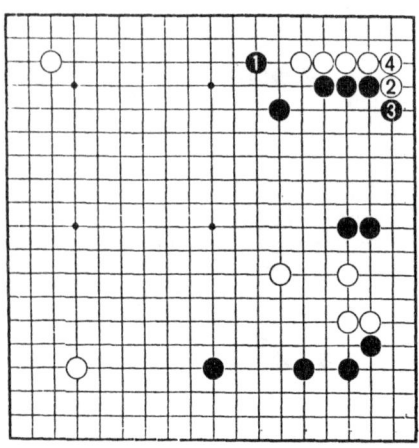

4 도 (날일자)
혹 1로 우상을 봉쇄하는 곳도 큰곳이다. 그러나 전국적으로 볼 때는 좋지 않다.

백 2, 4 의 젖혀이음으로 두고 보고 혹 모양이 우그러든다.

4 도

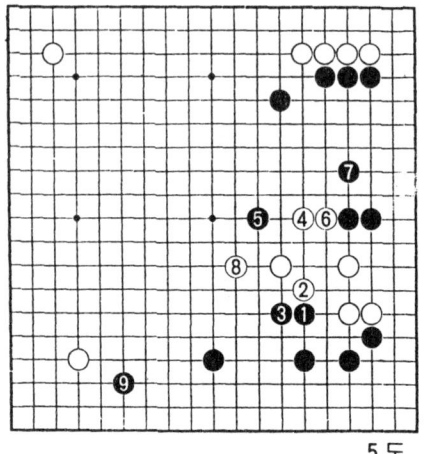

5 도(넓은 바둑) 이것은 실전의 경과이다. 혹 1 로 백을 공격하는 수이다.

백 2 의 마늘모 붙임에는 혹 3, 백 4, 6 에 혹은 9 의 큰곳을 갈 수 있어 넓은 바둑이다.

5 도

16. 건넘의 수

1도(다음의 한 수는?) 흑의 차례이다.

우변의 흑은 변의 큰곳을 점유하고 있다.

상변의 백이나 하변의 백 모양도 크다.

자, 여기에서 흑의 다음 수가 문제이다.

좌변의 큰곳은 비어 있다. 단순한 생각은 촛점이 아니다. 이전에 수단을 봉쇄하여야 한다.

여러가지의 작전이 생각나는 곳인데 다음의 한수 는?

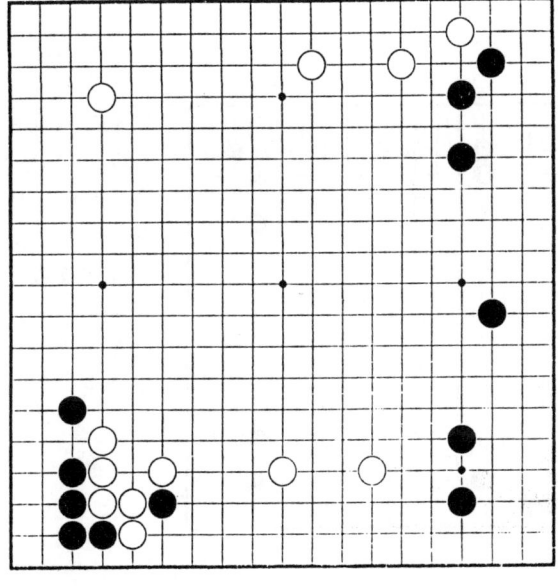

1도

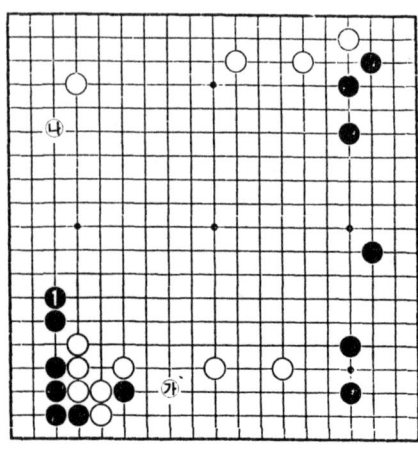

2 도

2 도 (좌하를 견고하게) 흑 1 의 늘음이 한 수 이다. 좌하를 견 고하게 지키는수 이다.

나중에흑 ㉮ 의 곳도 가능성이 있 다.

흑 1 다음 ㉯ 의 걸침이 크다.

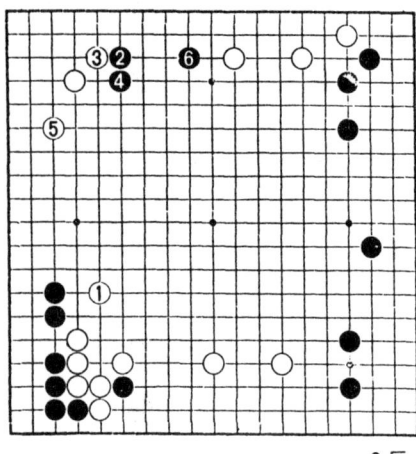

3 도

3 도 (좌변은 작다) 전도의 다 음, 백 1 로 하변 을 지키는 것은 이하 흑 6 까지 상형이 된다.

흑이 좋은 모 양이다.

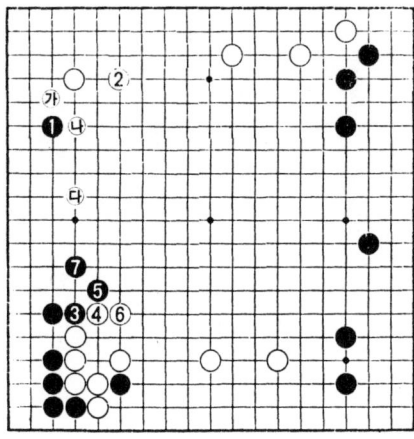

4 도

4 도(흑의 엷은 수) 흑 1 로 좌상을 그냥 걸치는 것은 백 2 다음 3 에서 7 까지가 예상된다.

이것은 엷은 수이다.

백 ㉮, 흑 ㉯ 다음에 백이 ㉰ 의 곳에 협공을 하는 수가 있다.

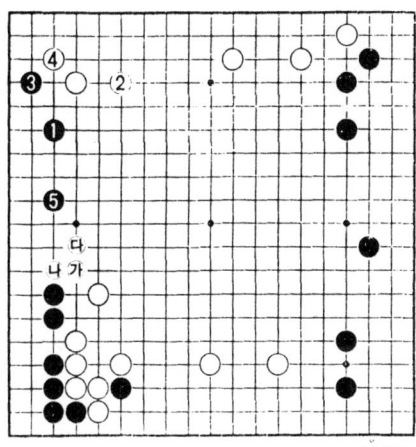

5 도

5 도(흑모양이 낮다) 3 도의 흑 2 로 좌상의 1 의 걸침에는 흑 5 다음에 백 ㉮ 흑 ㉯, 백 ㉰ 로 움직여 중앙을 두텁게 한다.

```
┌─────────────┐
│ 판   권 │
│ 본사    │
│ 소   유 │
└─────────────┘
```

큰 곳보다 급한 곳으로

2011년 8월 20일 인쇄
2011년 8월 30일 펴냄

지은이/ 石 田 芳 夫
옮긴이/ 프로바둑연구회
펴낸이/ 최　상　일
펴낸곳/ 太乙出版社
서울특별시 중구 신당6동 52-107 (동아빌딩내)
등록/1973년 1월 10일(제4-10호)

＊잘못된 책은 구입하신 곳에서 교환해 드립니다.

■주문 및 연락처

우편번호 100-456
서울특별시 중구 신당6동 52-107 (동아빌딩 내)
전화 / 2237-5577 팩스 / 2233-6166
ISBN 89-493-0339-6　　　　13690